中华优秀传统文化是炎黄子孙共同的精神家园

徐霞客游记选译

（珍藏版）

古代文史名著选译丛书

主编 章培恒 安平秋 马樟根

周晓薇 马雪芹 焦杰 译注
黄永年 马樟根 审阅

凤凰出版社

图书在版编目（CIP）数据

徐霞客游记选译 / 周晓薇等译注. -- 南京：凤凰出版社，2017.1（2018.11重印）
（古代文史名著选译丛书：珍藏版 / 章培恒，安平秋，马樟根主编）
ISBN 978-7-5506-2487-0

Ⅰ.①徐… Ⅱ.①周… Ⅲ.①游记－中国－明代②历史地理－中国－明代③《徐霞客游记》－译文④《徐霞客游记》－注释 Ⅳ.①K928.9

中国版本图书馆CIP数据核字（2016）第257425号

书　　　名	徐霞客游记选译
主　　　编	章培恒　安平秋　马樟根
译 注 者	周晓薇　马雪芹　焦　杰
责 任 编 辑	王清溪
装 帧 设 计	姜　嵩
出 版 发 行	凤凰出版社（原江苏古籍出版社）
	发行部电话 025-83223462
出版社地址	南京市中央路165号，邮编:210009
出版社网址	http://www.fhcbs.com
照　　　排	江苏凤凰制版有限公司
印　　　刷	苏州市越洋印刷有限公司
	苏州市吴中区南官渡路20号　邮编:215104
开　　　本	850×1168毫米　1/32
印　　　张	6.25
字　　　数	130千字
版　　　次	2017年1月第1版　2018年11月第2次印刷
标 准 书 号	ISBN 978-7-5506-2487-0
定　　　价	31.00元

（本书凡印装错误可向承印厂调换，电话:0512-68180638）

目 录

前言 ································· 001
徐霞客年表 ····························· 001
游天台山日记 ··························· 001
游雁宕山日记 ··························· 014
游黄山日记 ····························· 025
游庐山日记 ····························· 039
游嵩山日记 ····························· 054
游太华山日记 ··························· 074
游五台山日记 ··························· 083
游恒山日记 ····························· 092
楚游日记 ····························· 103
　　游衡山日记 ························· 103
粤西游日记 ··························· 117
　　游七星岩日记 ······················· 117
　　游象鼻山日记 ······················· 124
黔游日记 ····························· 131
　　游白水河瀑布日记 ··················· 131
　　游盘江桥日记 ······················· 135
滇游日记 ····························· 141
　　游鸡足山日记 ······················· 141
　　游大理日记 ························· 175

前　言

我们伟大的祖国,有着数不尽的名山大川;我国悠久的文化,孕育了数不尽的风流人物。古人说:"山不在高,有仙则名;水不在深,有龙则灵。"山川形胜要被有心人发现赏识才得以成其名,显其大。古代的文人在读书之余,多心驰神往于山水,把读万卷书和行万里路当做孜孜追求的事情。但读万卷书不易,行万里路更难,足迹不局限于已成为游览胜地的名山大川,而能真正不畏艰险做开创性的万里之行,则更是难上加难。通西域的张骞、求佛法的玄奘、下西洋的郑和,才说得上是这类人选。然而有一点是很明显的,那就是他们的万里之行或是出于政治的需要,或是出于宗教的热忱,甚至于是奉国家之命而扬威,仰政府之资以施惠。不为这些目的,而专心致志于地理探索,弃绝百事,一笻一笠,万里孤行,无所畏惧,百折不回,最后留下一大本高水平的游记,以"奇人异书"著称一时,流芳千古,就只有我们在这里要给读者介绍的徐霞客了,他的游记就是要给读者选译的《徐霞客游记》。

徐霞客,原名弘祖,字振之,别号霞客,明代南直隶常州府江阴县,也就是今天的江苏省江阴市人。生于万历十四年(1586),卒于崇祯十四年(1641),享年五十六岁。因为他以所著《徐霞客游记》闻名于世,所以人们还常用他的别号称他为徐霞客。

徐霞客出身于江阴的世族大家。天资聪颖。童年上私塾时,即能背经书,做八股文。做好八股文就可以考科举,考上了可以做官,这是当时念书人最好的出路。但徐霞客偏偏不感兴趣,有兴趣的是看古今史书,尤其是看地方志。常常在经书底下藏了本地方志偷偷地阅读,从而立下了遍游名山大川的志愿。十九岁时,父亲去世,家里常受地方豪族欺凌,更使他厌弃世俗,决心出游。二十二岁时他结了婚,同年就出游离家乡不远的太湖。

徐霞客的母亲王氏是一位好妈妈。她勤俭持家,同时又理解儿子的志愿,支持儿子的行动。她表示:"志在四方,男子事也。"并亲手给儿子缝制了一顶帽子称之为"远游冠",这对徐霞客更是莫大的鼓舞。当然,徐霞客是按着古人所说的"父母在,不远游"来要求自己的。前十几年出游,每次最多不过二三个月时间,并且出游前总要先征得母亲同意,说明什么时候回来。母亲则要亲自为儿子整理行装。每逢徐霞客有点恋恋不舍时,母亲便安慰他说:我身体很好,吃得下饭,你不必多挂念。徐霞客在旅途中仍惦念着母亲,在游太和山时,还曾特意弄来八枚珍奇的榔梅果实,带回家中给母亲祝八十大寿。每次出游归来,也总要给母亲讲述各地的风土人情和山川奇景。他三十九岁时还侍奉八十高龄的母亲游历了邻近宜兴县的善卷洞、张公洞。第二年母亲去世,他守孝期满后,慨然说:"昔人以母在,此身未可许人也;今不可许之山水乎?"从此就更无顾虑,一心出游。

最后一次也是行程最远、时间最长的出游,是崇祯九年(1636)他五十一岁时的"西南万里行"。这时他已相继为长子、次子完婚,就带了本乡的一位法名叫静闻的和尚,还有一个姓顾的仆人,先去浙江、江西,再到湖南、广西、贵州、云南。广西、贵州、云南在当时被人们认为是边远荒僻的地方,交通极不方便。静闻和尚就不幸病死在广西。姓顾的仆人吃不了苦,最后到云南后逃了回去。徐霞客自己也因劳累导致脚有了毛病,不得已于崇祯十三年(1640)返回江阴。第二年正月,在家里病逝。他的故居和坟墓都在现江阴市马镇南旸歧村。现已被列为江苏省重点文物保护单位。

现存《徐霞客游记》约六十万字,以日记体裁精详而忠实地记录了他大半生跋山涉水的见闻心得。《游记》所涉及的广阔的科学领域,所包括的丰富的科学内容,所具有的多方面的科学价值,在我国古代的地理著作中几乎是无与伦比的。

《游记》的最大贡献是在地理方面,其中又以西南地理占据了十之七八。徐霞客万里远游,首先留心于地形地貌的千变万化。如山间盆地,是云南很有特色的地貌,当地称做"坝子"。《游记》对各个坝子不仅详实地描绘其形状,用里距说明其大小,还准确地抓住了各个坝子的特点。右甸坝子属于典型的山间盆地,顺宁坝子是呈倾斜状的长坞①,枯柯坝子则是南北带坳的低热河谷等等。再如《游记》对粤西、滇南、黔南山水特征也考察得很清楚。"粤西之山,有纯石者,有间石者,各自分行独挺,不相混杂。滇南之山,皆土峰缭绕,间有缀石,亦十不一二,故环洼为多。

---

① 顺宁:旧县名。今为云南省凤庆县。

黔南之山,则介于二者之间,独以逼耸见奇。滇山惟多土,故多壅流成海,而流多浑浊。粤山惟石,故多穿穴之流,而水悉澄清。而黔流亦介于二者之间。"这些和现代地质学的考察分类相对照,几乎完全符合。

岩溶地貌,又叫喀斯特地形,是西南地理的突出特征。而对这一地貌作系统研究考察的,徐霞客无疑是我国乃至世界上的第一位。石灰岩溶蚀地貌从湖南到滇东,绵延数千里。徐霞客则亲自踏勘过一百多个岩洞。《游记》不仅从分布状况、形成原因以及由于发育不同而出现的地区差异等作了科学的说明,而且还对峰林、岩洞、天生桥、天池、地穴、石梁等各种岩溶现象加以定名,并作出详细记录。如对桂林胜景七星岩的观察和描述,其大小、深浅、洞内结构、洞外情况,与近代科学技术实测的结果竟是相差无几。如果说"岩洞学"是一门日渐兴起的新学科的话,《游记》便是这门学科当之无愧的最早、最丰富的文献。西方最早研究这一地形的是爱士培尔,他比徐霞客晚了一个半世纪。

对江河水域穷源探流,是徐霞客做出重大发现的又一方面。通过身经目睹的实践,徐霞客对古人的某些说法给以大胆的否定,并提出自己的真知灼见。如雁宕山的雁湖之水"与大龙湫风马牛无及";湖南的三分石系石分三岐,虽水分三方流,但都入湘江,和两广没有关系。金沙江才是长江的正源,并非《禹贡》所说的"岷山导江";潞江、澜沧江、元江都是单独入海,而非潞江入于澜沧、澜沧又是元江支流。诸如此类,不一而足。

温泉与火山是徐霞客在云南的重点观察对象。《游记》中对温泉名称、位置、水温、水质和特点,对罕见的沸泉、气泉,对云南腾冲火山群的分布和外貌,对明代某次火山爆发的经过和影响,都作出了详尽的记录。为研究我国近期温泉分布和火山活动,提供了弥足珍贵的资料。

作为游记,每天的气象情况是不可缺少的一项记录。《游记》对当时气象的详细记载,也为研究当时的历史气候留下了大量的宝贵资料。在游历太华、太和与嵩山之后,徐霞客得出了"山谷川原,候同气异"的正确结论。在天台山太白峰顶,他观察到"岭角山花盛开,顶上反不吐色,盖为高寒所勒耳"。在滇东,徐霞客记录了这样一种气象规律:罗平"盖与师宗隔一山①,而山之西今始雨,山之东雨已久甚。乃此地之常,非偶然也"。此外,他还注意到"冬夏寒暑之候,南北不分,而两广之燠②,皆以近日故也。试观一雨即寒,深夜即寒,岂非以无日耶? 其非关地气可知"。这些观察都是相当精审的,结论也是相当科学的。

对山水石质以外的现象,徐霞客也处处留心。如在物产方面,他记载了云南大理的蛱蝶树,云南的山茶、山鹃,云南"鹤庆以北多牦牛③,顺宁以南多象"等等。在交通方面,记载了西南的驮骑,南盘江的航运,澜沧江的铁索桥等等。另外,对政区中辖境的交错、界线的伸缩,对地名的含义,也作了大量的实地考察和明确的记录。

《游记》的价值是多方面的,除了为地理学研究开辟出新的道路外,还记载了许多有用的历史资料。如记载各个地区经济作物的分布,生产工具的特点,以及水利设施的情况。记载云南东川的铜矿,云南安宁的盐井,以及各地

---

① 罗平:州名。即今云南省罗平县。师宗:州名。即今云南省师宗县。 ② 燠(yù):暖。 ③ 牦(máo)牛:牛的一种,多毛,生长于寒冷的青藏高原。

造纸、碾碓、榨油等手工业生产的情况①。记载云南大理的三月街,贵州兴义的黄草坝,以及湘江出售鱼苗、贵州以盐易物等商业和贸易情况。《游记》还记载了瑶、壮、苗、彝、白、回、傣、布依、仡佬以及茶山彝、古宗、吐蕃等西南边疆众多的少数民族的风土人情和他们所受的苦难②。徐霞客出游时,常借宿佛寺,和僧侣往来,因而《游记》对宗教方面的记载,尤其是贵州、云南佛教的记载特别详尽,受到研究宗教的学者重视。如陈垣先生就说过:"今欲考滇黔静室及僧徒生活,霞客游记为最佳史料。"

《游记》最初以文学价值而见称于世,被推为"古今游记之最"。每一处山水游记,都是一幅精美的图画。描写景物,往往寥寥数语,神情毕肖。如以"岘出云表"、"芙蓉片片"来概括华山的高峻;以"流者喷雪,停者毓黛"来形容庐山绿水潭的绮丽;以"高者不盈丈,低仅数寸,平顶短鬣,盘根虬干,愈短愈老,愈小愈奇"来勾勒黄山怪松的形象;以"四望白云,迷漫一色,平铺峰下。诸峰朵朵,仅露一顶,日光映之,如冰壶瑶界,不辨海陆。然海中玉环一抹,若可俯而拾也"来描写雁荡峰顶上所见的景色。再如麻叶洞探险、湘江遇盗、诀别静闻、顾仆逃跑等记载,也都可称生动感人。《游记》的整个格调是乐观的、充实的,不像柳宗元的《永州八记》以及与徐霞客同时期的张岱山水小品中多少夹杂了惆怅和颓放。至于一般文人游记中的陈词滥调,在这里更不会看到。

---

① 碓(duì):舂谷的设备。 ② 仡佬(gē lǎo):我国西南地区的一个少数民族。

因为《徐霞客游记》原书分量大，我们这次只能从其中选一小部分来注译。在徐霞客去西南远游以前的游山日记中，我们选了嵩山、华山和恒山，再加上《楚游日记》中的衡山，所谓"五岳"已有了四个。游泰山的日记本来就没有保存下来。此外，选了天台、雁荡、黄山、庐山、五台山几篇。今天中外人士向往的名山已大体齐全。进入广西、贵州，尤其是云南的日记，分量超过了全书的一半，但不是集中写某座山、某条河，而多数是对沿路所见所闻作日记体的记述，只能从其中选一点较有趣味的片断，使读者得以"窥豹一斑"。至于如前所说在地理学上以及其他学术上作出贡献的大量游记，在这里就无法一一照顾选入。好在这方面的专家学者们自己有能力通读《游记》原书，不需要这本篇幅有限的《选译》来满足他们的需要。

我们选译时所用的《徐霞客游记》，是以季会明钞本和乾隆本为底本，适当参考了褚绍唐先生、吴应寿先生以及丁文江先生整理的本子。特此说明。

周晓薇（陕西师范大学历史文化学院）
马雪芹（杭州师范大学古代文学与文
　　　　　献研究中心）
焦　杰（陕西师范大学历史文化学院）

徐霞客年表

万历十四年（1586） 一岁

　　生于江阴，父名有勉、母王氏，这年都已四十一岁，长兄弘祚已二十岁。

万历三十二年（1604） 十九岁

　　父有勉去年遇盗受伤，这年去世。

万历三十五年（1607） 二十二岁

　　娶妻许氏。　游太湖。

万历三十七年（1609） 二十四岁

　　游泰山、孔林、孟庙，并入北京。

万历四十一年（1613） 二十八岁

　　游落迦山、天台山、雁宕山。

万历四十二年（1614） 二十九岁

　　游南京。

万历四十三年（1615） 三十岁

　　长子出生，取名屺①。

万历四十四年（1616） 三十一岁

　　游白岳、黄山、武夷山。

万历四十五年（1617） 三十二岁

　　妻许氏去世。

---

① 屺（qǐ）。

万历四十六年(1618)　三十三岁

　　游庐山,再游黄山。　续娶罗氏为妻。

万历四十七年(1619)　三十四岁

　　次子出生,取名岘①。

泰昌元年(1620)　三十五岁

　　游福建仙游的九鲤湖。为母建造晴山堂。

天启三年(1623)　三十八岁

　　游嵩山、太华山(华山)、太和山(武当山)。

天启四年(1624)　三十九岁

　　奉母游宜兴。三子出生,取名岣②。

天启五年(1625)　四十岁

　　母去世。

崇祯元年(1628)　四十三岁

　　游福建,并游广东的罗浮山。四子出生,取名寄。

崇祯二年(1629)　四十四岁

　　游北京、盘山。

崇祯三年(1630)　四十五岁

　　再游福建。

崇祯五年(1632)　四十七岁

　　再游天台山、雁宕山。

崇祯六年(1633)　四十八岁

　　游五台山、恒山。　三游福建。

崇祯七年(1634)　四十九岁

　　为长子娶妻。

---

① 岘(xiàn)。　② 岣(gǒu)。

崇祯八年(1635)　五十岁

　　为次子娶妻。

崇祯九年(1636)　五十一岁

　　带江阴僧静闻和姓顾的仆人远游西南,这年先游浙江、江西。

崇祯十年(1637)　五十二岁

　　游湖南、广西,静闻病死在广西。

崇祯十一年(1638)　五十三岁

　　游广西、贵州、云南。

崇祯十二年(1639)　五十四岁

　　游云南,姓顾的仆人逃走。

崇祯十三年(1640)　五十五岁

　　返回江阴。

崇祯十四年(1641)　五十六岁

　　正月在江阴老宅去世。

游天台山日记（浙江台州府）①

天台山在今浙江省天台县境，属仙霞岭脉的东支，以雄奇瑰丽著称。山上有石梁、断桥、华顶、珠帘以及寒岩、明岩等风景区和许多神话传说。同时这里又是佛教天台宗的发祥地，隋朝创建的国清寺就在山里。

徐霞客曾两次游天台山，这是明万历四十一年(1613)他二十八岁第一次游天台山时写的日记。

癸丑之三月晦 自宁海出西门②，云散日朗，人意山光，俱有喜态。三十里，至梁隍山。闻此地於菟夹道③，月伤数十人，遂止宿。

四月初一日 早雨。行十五里，路有岐，马首西向台山，天色渐霁④。又十里，抵松门岭⑤，山峻路滑，舍骑步行⑥。自奉化来⑦，虽越岭数重，皆循山麓，至此迂回临陟⑧，俱在山脊。而雨后新霁，泉声山色，往复创变，翠丛中山鹃映发⑨，令人攀历忘苦。又十五里，饭于筋竹庵。山顶随处种麦。从筋竹岭南行，则向国清大路⑩。适有国清僧云峰同饭，言此抵石梁，山险路长，行李不便，不若以轻装往，而重担向国清相待。余然之，令担夫随云峰往国清，余与莲舟上人就石梁道⑪。行五里，过筋竹岭。岭旁多短松，老干屈曲，根叶苍秀，俱吾阊门盆中物也⑫。又三十余里，抵弥陀庵。上下高岭，深山荒寂（恐藏虎，故草木俱焚去），泉轰风动，路绝旅人。庵在万山坳中⑬，路荒且长，适当其半，可饭可宿。

初二日　饭后，雨始止。遂越潦攀岭⑭，溪石渐幽。二十里，暮抵天封寺⑮。卧念晨上峰顶，以朗霁为缘，盖连日晚霁，并无晓晴。及五更梦中⑯，闻明星满天，喜不成寐⑰。

【注释】

① 浙江台州府：凡在标题之后的注，都是《徐霞客游记》的原注。浙江当时叫浙江布政使司，即今浙江省。当时府是布政使司和县之间的一级地方行政区划。台州府的府治临海即今浙江临海。天台山所在的天台县，是台州府的属县。② 癸丑：我国古代用干支纪年并纪日，这里的癸丑是指明神宗万历四十一年（1613）。晦（huì）：阴历每月的最后一天叫晦。宁海：县名，今浙江宁海。③ 於菟（wū tú）：先秦时人称虎为於菟，后来就成为虎的雅称。④ 霁（jì）：雨停天晴。⑤ 松门岭：位于宁海县西境，在天台、宁海两县分界线附近。⑥ 舍（shě）：放弃。⑦ 奉化：县

名,今浙江奉化。⑧ 陟(zhì):登。⑨ 山鹃:杜鹃花,多野生在山坡上,所以也叫山鹃。⑩ 国清:国清寺,在天台山南麓,隋开皇时佛教天台宗开创者智顗所建立。⑪ 莲舟上人:江阴迎福寺的僧人,莲舟是他的名号,上人是对僧人的尊称。⑫ 阊门:苏州的一个城门,居民中有许多人以做盆景为生。⑬ 坳(ào):洼下的地方。⑭ 潦(lǎo):路上的流水,积水。⑮ 天封寺:在天台山华顶峰之南,陈太建年间智顗所建,为天台一胜。⑯ 五更:"更"是旧时夜间计时的单位,一夜为五更,每更约二小时。五更就是天将明的时候。⑰ 寐(mèi):睡眠。

初三日　晨起,果日光烨烨①,决策向顶。上数里,至华顶庵,又三里,将近顶,为太白堂,俱无可观。闻堂左下有黄经洞,乃从小径,二里,俯见一突石,颇觉秀蔚。至则一发僧结庵于前②,恐风自洞来,以石甃塞其门③,大为叹惋。复上至太白,循路登绝顶,荒草靡靡④,山高风冽⑤,草上结霜高寸许,而四山回映,琪花玉树⑥,玲珑弥望⑦。岭角山花盛开,顶上反不吐色,盖为高寒所勒耳。仍下华顶庵,过池边小桥,越三岭,溪回山合,木石森丽,一转一奇,殊慊所望⑧。二十里,过上方广⑨,至石梁;礼佛昙花亭,不暇细观飞瀑。下至下方广,仰视石梁飞瀑,忽在天际。闻断桥、珠帘尤胜,僧言饭后行,犹及往返。遂由仙筏桥向山后越一岭⑩,沿涧八九里,水瀑从石门泻下,旋转三曲:上层为断桥,两石斜合,水碎迸石间,汇转入潭;中层两石对峙如门，水为门束，势甚怒；下层潭口颇阔，泻处如阃⑪，水从坳中斜下。 三级俱高数丈，各极神奇，但循级而下，宛转处为曲所遮，不能一望尽收。 又里许，为珠帘水，水倾下处甚平阔，其势散缓，滔滔汩汩⑫。 余赤足跳草莽中，揉木缘崖，莲舟不能从。 暝色四下⑬，始返。 停足仙筏桥，观石梁卧虹，飞瀑喷雪，几不欲卧。

初四日 天山一碧如黛。 不暇晨餐，即循仙筏上昙花亭，石梁即在亭外。 梁阔尺余，长三丈，架两山坳间。 两飞瀑从亭左来，至桥乃合流下坠，雷轰河隤⑭，百丈不止。 余从梁上行，下瞰深潭，毛骨俱悚⑮。 梁尽，即为大石所隔，不能达前山，乃还。 过昙花，入上方广寺。 循寺前溪，复至隔山大石上，坐观石梁，为下寺僧促饭，乃去。 饭后，十五里，抵万年寺⑯，登藏经阁。 阁两重，有南北经两藏⑰。 寺前后多古杉，悉三人围，鹤巢于上，传声嘹呖⑱，亦山中一清响也。 是日，余欲向桐柏宫，觅琼台、双阙，路多迷津⑲，遂谋向国清。 国清去万年四十里，中过龙王堂；每下一岭，余谓已在平地，及下数重，势犹未止；始悟华顶之高，去天非远。 日暮，入国清，与云峰相见，如遇故知，与商探奇次第。 云峰言："名胜无如两岩⑳，虽远，可以骑行。 先两岩而后步至桃源，抵桐柏，则翠壁、赤城㉑，可一览收矣。"

【注释】

① 烨烨(yè)：光亮很强的样子。② 发僧：没有剃去头发的和尚。③ 甃(zhòu)：用砖或石砌的墙壁叫甃。④ 靡

靡(mǐ):形容草倒伏、凋落的样子。⑤ 冽(liè):寒冷。⑥ 琪花玉树:古人想象中仙境里的花树,这里是形容四山花树的美丽。⑦ 弥:远。⑧ 慊(qiè):满足,惬意。⑨ 方广:即方广寺,有上、下两寺,亦天台一胜。⑩ 筏(fá):用竹木编排的渡水工具,这里的仙筏当是桥的名称。⑪ 阈(yù):门槛,门限。⑫ 汩汩(gǔ):水流声,急流貌。⑬ 暝(míng):日暮,夜晚,暝色即夜色。⑭ 隤(tuí):即崩溃、决口之意。⑮ 悚(sǒng):恐惧,害怕。⑯ 万年寺:全名为万年报恩寺,唐大和七年普岸创建。⑰ 南北经两藏(zàng):藏是佛教经典和其他论著的总汇。我国从北宋以来就编刻佛教的大藏经,后来道教也编刻道藏。这里的"南北经两藏"是指明太祖洪武年间在南京刻的佛教大藏经《南藏》和明成祖永乐年间在北京刻的佛教大藏经《北藏》。⑱ 嘹呖(liáo lì):形容清亮而漫长的声音。⑲ 迷津:津是渡口,迷津是不了解渡口情况,这句话的意思是说不知道走哪条路好。⑳ 两岩:指寒岩与明岩。㉑ 桃源、桐柏、翠壁、赤城:都是天台山的名胜。

初五日 有雨色,不顾,取寒、明两岩道,由寺向西门觅骑。 骑至,雨亦至。 五十里,至步头。 雨止,骑去。 二里,入山,峰萦水映①,木秀石奇,意甚乐之。 一溪从东阳来②,势甚急,大若曹娥③。 四顾无筏,负奴背而涉,深过于膝,移渡一涧,几一时,三里,至明岩。 明岩为寒山、拾得隐身地④,两山回曲,《志》所谓八寸关也⑤。 入关,则四围峭壁如城⑥。 最后,洞深数丈，广容数百人。洞外，左有两岩，皆在半壁；右有石笋突耸，上齐石壁，相去一线，青松紫蕊⑦，蓊苁于上⑧，恰与左岩相对，可称奇绝。出八寸关，复上一岩，亦左向；来时仰望如一隙，及登其上，明敞容数百人。岩中一井，曰仙人井，浅而不可竭。岩外一特石，高数丈，上岐立如两人，僧指为寒山、拾得云。入寺，饭后云阴溃散，新月在天，人在回崖顶上，对之清光溢壁。

初六日　凌晨出寺，六七里至寒岩。石壁直上如劈，仰视空中，洞穴甚多。岩半有一洞，阔八十步，深百余步，平展明朗。循崖右行，从石隙仰登。岩坳有两石对耸，下分上连，为鹊桥，亦可与方广石梁争奇，但少飞瀑直下耳。还饭僧舍，觅筏渡一溪，循溪行，山下一带峭壁巉崖⑨，草木盘垂其上，内多海棠紫荆，映荫溪色，香风来处，玉兰芳草，处处不绝。已至一山嘴，石壁直竖涧底，涧深流驶，旁无余地，壁上凿孔以行，孔中仅容半趾⑩，逼身而过，神魄为动⑪。自寒岩十五里，至步头，从小路向桃源。桃源在护国寺旁，寺已废，土人茫无知者。随云峰莽行曲路中，日已堕，竟无宿处，乃复问至坪头潭。潭去步头仅二十里，今从小路，反迂回三十余里，宿。信桃源误人也⑫！

初七日　自坪头潭行曲路中三十余里，渡溪入山。又四五里，山口渐夹，有馆曰桃花坞⑬。循深潭而行，潭水澄碧，飞泉自上来注，为鸣玉涧。涧随山转，人随涧行，两旁山皆石骨，攒峦夹翠⑭，涉目成赏，大抵胜在寒、明两岩间。涧穷路绝，一瀑从山坳泻下，势甚纵横。出饭馆中，循坞东南行，越两岭，寻所谓"琼台"、"双阙",竟无知者。 去数里,访知在山顶,与云峰循路攀援,始达其巅⑮。 下视峭削环转,一如桃源,而翠壁万丈过之,峰头中断,即为双阙,双阙所夹而环者,即为琼台。 台三面绝壁,后转即连双阙。 余在对阙,日暮不及登,然胜已一日尽矣。 遂下山,从赤城后还国清,凡三十里。

初八日 离国清,从山后五里,登赤城。 赤城山顶圆壁特起,望之如城,而石色微赤。 岩穴为僧舍凌杂,尽掩天趣。 所谓玉京洞、金钱池、洗肠井,俱无甚奇。

【注释】

① 萦(yíng):缠绕,围绕。② 东阳:县名,今浙江东阳。③ 曹娥:指曹娥江,源于天台山北麓,往北流经今浙江新昌、嵊(shèng)县、上虞注入杭州湾。这条江因东汉时少女曹娥投江寻父尸、最后抱父尸同死而得名。④ 寒山、拾得:唐初两位会作诗的和尚。寒山因隐居天台山寒岩而得名,和拾得友好,有《寒山子集》。拾得原是孤儿,由国清寺僧收养为僧,故名拾得,诗附在《寒山子集》后面。⑤ 志:指有关天台山的地方志或天台山的山志。⑥ 峭(qiào):陡直。⑦ 蕊(ruǐ):即花心,种子植物的生殖器官,这里指花而言。⑧ 蓊苁(wěng cōng):草木茂盛的样子。⑨ 巉(chán)崖:高而险峻的山崖。⑩ 趾(zhǐ):脚。⑪ 神魄为动:即惊心动魄,形容极度紧张与惊骇。⑫ 桃源误人:东晋陶潜写过《桃花源记》,说有个打鱼的人误入桃花源,后来有人再想去就迷路了,这里是说天台山的桃源像桃花源一样让人迷路。⑬ 坞(wù):指四面高而中央低的

山地。⑭攒(cuán)：集中，聚集。⑮巅(diān)：山顶。

【翻译】

癸丑年三月晦日　出宁海西门，云散日朗，人的心情十分愉快，山也好像呈现出喜色。走了三十里，来到梁隍山。听说这里路边有老虎，每月要伤害几十个人，于是停下来住宿。

四月初一日　清早下雨。走上十五里，出现了岔路，拨马往西向天台山前进，天逐渐放晴。又走了十里，到达松门岭，山险路滑，下马步行。从奉化到这里，虽然得越过几重山岭，却都是顺着山脚走，到这里迂回攀登，都在山梁上走。但雨后初晴，泉声山色，千变万化，翠绿的草木中掩映着盛开的杜鹃花，真叫人忘却了攀登的辛苦。又走了十五里，在筋竹庵吃饭。这里的山顶上到处都种着麦子。从筋竹庵往南走，就是通往国清寺的大路。正好有个国清寺的和尚叫云峰的在一起吃饭，他说从这里到石梁，山势险峻而且路程很远，带着行李不方便，不如轻装前往，把那些笨重的行李放在国清寺等着。我同意了，叫挑夫担着行李跟随云峰去国清寺，我和莲舟上人走上了通往石梁的道路。走了五里，翻过筋竹岭。岭旁有很多低矮的松树，老干屈曲，根叶苍秀，都是我们阊门盆景里的东西。又走了三十多里，来到弥陀庵。上下都是高岭，深山荒凉寂静（怕有老虎藏在这里，所以把草木都烧光了），泉水轰鸣，山风吹动，路上连一个行人也没有。弥陀庵在群山的山坳里，山路既长且荒凉，这庵正好坐落在半路上，有饭可吃，还可安歇。

初二日　午饭后，雨才停。就涉过路上的积水登上山岭，溪水和山石都越来越清幽。走了二十里，黄昏时到达天封寺。睡下后惦念着明天早晨要登峰顶，希望有缘分能碰上好天气，因为这几天来接连晚上放晴，而早上却没有晴过。到五更天睡梦之中，听到外面说明星满天，高兴得觉都睡不着了。

初三日　早晨起身，果真阳光灿烂，就拿定主意向峰顶攀登。往上走了几里，来到华顶庵，又走了三里，将要到达峰顶处，有个太白堂，都没有什么可看的。听说堂的左下方有个黄经洞，就从小路下来，走了二里，往下看到有块突出来的石头，觉得很秀美。到跟前一看，原来是一个留着头发的和尚在洞前盖了一个庵，他怕风从洞里来，就用石头把洞口给堵了起来，真是可惜。重新上到太白堂，沿着山路登上峰顶，荒草凋零，山高风寒，草上结的霜有一寸多厚，而四面山峦照映，尽是琪花玉树，远远看去一片玲珑。岭下山花盛开，峰顶上的反而没长花，大概是因为高山严寒的影响吧。仍旧下来到达华顶庵，走过池边的小桥，翻过三道岭，溪水曲折，群山环绕，树木山石都是既森严又美丽，转一个地方就有一处奇景，极大地满足了愿望。又走了二十里，经过上方广寺，来到石梁，在昙花亭中拜了佛像，没有顾得上细看飞瀑。下来到下方广寺，仰看石梁飞瀑，忽然觉得像在天上一样。听说断桥、珠帘的景色更美，和尚说吃完饭再走，还来得及回来。就从仙筏桥向山后翻过一道岭，沿着山涧走了八九里，看到瀑布从石门倾泻而下，旋转三曲：上层是断桥，两块石头斜合着，水迸溅在石头中间，汇集转入潭里；中层两块石头对立着像门一般,水被门约束,流势更加猛烈;下层的潭口很宽阔,水倾泻下来的地方像门槛一样,水从低洼处斜着流下。三级都有几丈高,都极为神奇,只是如果顺着往下走,转弯的地方视线被遮住,不能一眼全部看到。又走了一里多,就是珠帘水,水流下的地方平坦宽阔,水势缓散,滔滔汩汩地响着。我光着脚跳到密生的草丛中,攀着树枝沿着崖边走,莲舟上人不能跟上。到夜幕降临的时候,才往回走。在仙筏桥歇脚,看石梁好像卧着的彩虹,飞瀑又似喷溅着的雪花,看得几乎不想睡觉。

初四日 天和山都青绿得像黛一般,顾不上吃早饭,就顺着仙筏桥上到昙花亭。石梁就在亭外,梁宽一尺多,长三丈,架在两山的山坳里。两道飞瀑从亭的左边流下来,到了桥上合流下坠,像雷电轰鸣,像河堤崩决,深百丈以上。我从石梁上走着,低头看下面的深潭,觉得毛骨悚然。石梁的尽头,被一块大石头隔住,不能通往前山,就转身回来。过了昙花亭,进入上方广寺。又沿着寺前的溪水,来到那块隔山的大石头上,坐在上面看石梁,直到下方广寺的和尚催着吃饭,才回下方广寺。吃罢饭,走了十五里,来到万年寺,登上藏经阁。阁有两层,收藏着南藏和北藏。寺的前后有许多古杉,都要三个人才合抱得过来,鹳在树上筑窝居住,叫声嘹亮且传得很远,也可算是深山里一种高雅的音乐。当天,我想到桐柏宫,寻找琼台、双阙,但不知路怎么走,就决定去国清寺。国清寺距离万年寺四十里路,中间经过龙王堂;每下一道岭,我就以为已到平地了,谁知等到下了几道岭,还没有走完,这才开始领悟到华顶峰之高,简直离天不远了。傍晚,进入国清寺,和云峰相见,就像是老朋友一样,和他商量游山探奇的安排。云峰说:"名胜再没有比得上两岩的了,虽然远一点,但可以骑着马去。如果先到两岩然后步行至桃源,再到桐柏,那么翠壁、赤城的景色,就可以一览尽收了。"

初五日　像要下雨的样子,不管,决定走寒岩、明岩一路,到寺的西门雇马。马来了,雨也下开了。走了五十里,来到步头。雨停了,马也被送回去了。又走了二里,就进了山。山峰环绕,溪水映照,草木森秀,山石奇特,使人心里很高兴。一条溪水从东阳流来,水势很急,宽像曹娥江一样。四处看找不见渡河的筏子,就让仆人背着渡过去,水深得没过膝盖,过一条涧,几乎用了一个时辰,走了三里,到达明岩。明岩是寒山、拾得隐居的地方,两座山回环曲折,这就是志书所说的八寸关了。进入关后,四面的峭壁像城墙一样。最后面,有个几丈深的山洞,大小能容纳几百人。洞外左面有两座岩石,都在半壁上;右面有一根耸起的石笋,笋顶齐到石壁,只有一线之隔,青松紫花,在上面茂盛地生长着,刚好和左崖相对,可称得上奇妙至极。出了八寸关,又上了一座岩,也是在左边,来的时候仰看上去好像有一条缝,等到了上面,明亮宽敞可以容纳几百人。岩中有一眼井,叫仙人井,水浅却不会枯竭。岩外有一块孤立的大石,高好几丈,上面分开像两个人一样,和尚指着说这就是寒山、拾得。进入明岩寺,吃完饭阴云散去,一弯新月升到天空,人站在回崖顶上,对着月亮,好似满壁清光。

初六日　凌晨出寺,走了六七里来到寒岩。石壁直上像用刀劈的一样,抬头看上去,有很多洞穴。岩的半腰有个洞,宽八十步,深一百多步,里面平坦明朗。顺着岩往右走,从岩石的缝隙中上去。岩坳里有两块石头对立着,下部分开,上面连接,叫鹊桥,也能和方广寺的石梁争奇斗胜,只是缺少了飞瀑直下而已。回来后到和尚住的地方吃饭,又找到筏子渡过一条溪水,顺着溪走到山下。一路上都是陡峭的石壁和险峻的山崖,草木在上边盘着垂着,其中多半是海棠花和紫荆花,倒映在溪水里,一阵阵香风吹来,到处都是玉兰香草。到了一个山嘴,石壁笔直地竖插到涧底;涧深水急,旁边再没有容身之地,只有石壁上凿的小孔可以行走,孔里只能放进半只脚,要让身子紧贴着石壁过去,真叫人惊心动魄。从寒岩走十五里,来到步头,再从小路走向桃源。桃源在护国寺旁边,寺已经荒废,本地人都弄不清在哪里。跟着云峰在草莽丛生的弯路上走着,太阳已经落下,竟然还没有找到住宿的地方,就又一路询问着来到坪头潭。坪头潭离步头只有二十里,今天从小路走,反而迂回了三十多里,才住下来。这真是桃源误人啊!

初七日　从坪头潭走了三十多里弯路,渡过小溪进入山中。又走了四五里,山口渐渐狭窄,有一馆叫桃花坞。沿着深潭走,潭水清澈碧绿,飞泉从上面注入,叫做鸣玉涧。涧随着山转,人随着涧走,两旁的山都是石头山,一簇簇峰峦夹杂着绿色的树木,映入眼帘的都值得一观,景色的美好总的看胜于寒、明两岩之间。涧尽处路也没有了,只有一道瀑布从山坳中泻下来,气势极为壮阔。走出来在馆里吃了饭,顺着桃花坞向东南走,又翻了两重岭,去寻找所谓"琼台"、"双阙",竟没人知道。又走了几里,才问清楚在山顶上。和云峰沿着路攀登上去,才到达顶巅。往下看去，陡峭环旋，很像桃源，只是翠壁高达万丈为桃源所未有。峰头中断的地方，就是双阙，被双阙所夹并且环绕着的，就是琼台。琼台三面都是绝壁，往后就连着双阙。我在阙的对面，天晚了来不及登上，但所有的胜景在一天里都算看完了。于是下山，从赤城后面回到国清寺，共走了三十里路。

初八日　离开国清寺，从山后走了五里，登上赤城。赤城的山顶圆壁突起，看上去像城一般，而石头微微发红。这里的岩穴被和尚的房舍所间杂，自然风景全被破坏。所谓的玉京洞、金钱池、洗肠井，都平淡无奇。

游雁宕山日记（浙江温州府）①

雁宕山在今浙江乐清县境，以秀丽多姿而著称。山上的峰峦、寺院、岩洞、飞瀑等星罗棋布，美不胜收。

徐霞客曾三次游雁宕山，这是在明万历四十一年(1613)他二十八岁第一次游雁宕山时写下的日记。

自初九日别台山②，初十日抵黄岩③，日已西，出南门三十里，宿于八岙④。

十一日　二十里，登盘山岭，望雁山诸峰，芙蓉插天⑤，片片扑人眉宇。　又二十里，饭大荆驿。　南涉一溪，见西峰上缀圆石⑥；奴辈指为两头陀⑦，余疑即老僧岩，但不甚肖⑧。　五里，过章家楼，始见老僧真面目，袈衣秃顶⑨，宛然兀立⑩，高可百尺，侧又一小童，伛偻于后⑪，向为老僧所掩耳。　自章楼二里，山半得石梁洞，洞门东向，门口一梁，自顶斜插于地，如飞虹下垂。

由梁侧隙中层级而上，高敞空豁⑫。坐顷之，下山，由右麓逾谢公岭，渡一涧，循涧西行，即灵峰道也。一转，山胁两壁⑬，峭立亘天，危峰乱叠，如削如攒，如骈笋，如挺芝，如笔之卓，如幞之欹⑭。洞有口如卷幕者，潭有碧如澄靛者⑮。双鸾、五老，接翼联肩。如此里许，抵灵峰寺。循寺侧登灵峰洞。峰中空，特立寺后，侧有隙可入，由隙历磴数十级⑯，直至窝顶，则窅然平台圆敞⑰，中有罗汉诸像⑱。坐玩至瞑色，返寺。

【注释】

① 宕（dàng）。温州府：府治永嘉，即今浙江温州。雁宕山所在的乐清县是温州府的属县。② 初九日：万历四十一年（1613）的四月初九。③ 黄岩：县名，今浙江黄岩。④ 岙（ào）：山间平地。这里的八岙是黄岩县境内的地名。⑤ 芙蓉：荷花的别名，这里用来比喻山峰的秀丽。⑥ 缀（zhuì）：连接、附着的意思。⑦ 头陀：行脚乞食的僧人。⑧ 肖（xiào）：相像、相似。⑨ 袈（jiā）衣：佛教僧尼的法衣，和下文的"袈裟"意思相同。⑩ 兀（wù）立：兀是高耸特出的模样，兀立就是兀然独立。⑪ 伛偻（yǔ lǚ）：曲背，弯腰。⑫ 豁（huò）：开阔。⑬ 山胁（yè）：两个山峰的峰脚相连处。⑭ 幞（fú）：古代男人所用的一种头巾。欹（qī）：通攲，倾斜不正。⑮ 澄靛（chéng diàn）：澄是清澈的意思；靛是蓝靛的简称，澄靛是说潭水的颜色像清澈的蓝靛一样。⑯ 磴（dèng）：山路的石级。⑰ 窅（yǎo）然：深暗。⑱ 罗汉：佛教中小乘教理想中的最高果位，在我国有所谓十六罗汉、十八罗汉、五百罗汉等说法。

十二日　饭后，从灵峰右趾觅碧霄洞。返旧路，抵谢公岭下，南过响岩，五里，至净名寺路口。入觅水帘谷，乃两崖相夹，水从崖顶飘下也。出谷五里，至灵岩寺。绝壁四合，摩天劈地，曲折而入，如另辟一寰界①。寺居其中，南向，背为屏霞嶂。嶂顶齐而色紫，高数百丈，阔亦称之②。嶂之最南，左为展旗峰，右为天柱峰。嶂之右胁，介于天柱者，先为龙鼻水。龙鼻之穴，从石罅直上③，似灵峰洞而小，穴内石色俱黄紫，独罅口石纹一缕青绀润泽④，颇有鳞爪之状，自顶贯入洞底，垂下一端如鼻，鼻端孔可容指，水自内滴下注石盆，此嶂右第一奇也。西南为独秀峰，小于天柱，而高锐不相下。独秀之下为卓笔峰，高半独秀，锐亦如之。两峰南坳，轰然下泻者，小龙湫也⑤。隔龙湫，与独秀相对者，玉女峰也。顶有春花，宛然插髻⑥。自此过双鸾，即极于天柱。双鸾止两峰并起。峰际有"僧拜石"，裂裟伛偻，肖矣。由嶂之左胁，介于展旗者，先为安禅谷，谷即屏霞之下岩。东南为石屏风，形如屏霞，高阔各得其半，正插屏霞尽处。屏风顶有"蟾蜍石"⑦，与嶂侧"玉龟"相向。屏风南去，展旗侧褶中⑧，有径直上，磴级尽处，石阈限之⑨。俯阈而窥，下临无地，上嵌腔峒⑩。外有二圆穴，侧有一长穴，光自穴中射入，别有一境，是为天聪洞，则嶂左第一奇也。锐峰叠嶂，左右环向，奇巧百出，真天下奇观！而小龙湫下流，经天柱、展旗，桥跨其上，山门临之⑪。桥外含珠岩在天柱之麓，顶珠峰在展旗之上，此又灵岩之外观也。

十三日　出山门，循麓而右，一路崖壁参差，流霞映采。高而展者，为板嶂岩。岩下危立而尖夹者，为小剪刀峰。更前，重岩之上，一峰亭亭插天，为观音岩。岩侧则马鞍岭横亘于前。鸟道盘折，逾坳右转，溪流汤汤⑫，涧底石平如砥⑬。沿涧深入，约去灵岩十余里，过常云峰，则大剪刀峰介立涧旁。剪刀之北，重岩陡起，是名连云峰。从此环绕回合，岩穷矣。龙湫之瀑，轰然下捣潭中，岩势开张峭削，水无所着，腾空飘荡，顿令心目眩怖⑭。潭上有堂，相传为诺讵那观泉之所⑮。堂后层级直上，有亭翼然面瀑。踞坐久之⑯，下饭庵中。雨廉纤不止⑰，然余已神飞雁湖山顶，遂冒雨至常云峰，由峰半道松洞外攀绝磴三里，趋白云庵。人空庵圮⑱，一道人在草莽中，见客至，望望去。再入一里，有云静庵，乃投宿焉，道人清隐⑲，卧床数十年，尚能与客谈笑。余见四山云雨凄凄，不能不为明晨忧也。

【注释】

① 寰（huán）界：世界。② 称（chèn）：相称、相当。③ 罅（xià）：本意是瓦器的裂缝，引申为器物的缝隙，本文的石罅即指岩石的裂缝。④ 绀（gàn）：红青色。⑤ 湫（qiū）：水潭。⑥ 髻（jì）：挽束在头上的头发，这里用来形容山顶春花的美丽。⑦ 蟾蜍（chán）：癞蛤蟆。⑧ 褶（zhě）：指岩石受力的作用发生波状弯曲之处。⑨ 阈（yù）：门槛。⑩ 嵌（qiàn）：填镶。崆峒（kōng tóng）：古人认为北极星居天之中，北极之下叫做崆峒。⑪ 山门：佛寺的大门。⑫ 汤（shāng）汤：大水急流的样子。⑬ 砥（dǐ）：磨刀石。⑭ 眩（xuàn）：眼花，如头昏目眩。⑮ 诺讵那：佛教的十六罗汉之一，他当然不曾到过中国，这只是山里的神话传说而已。

⑯ 踞(jù)坐：坐时脚底和臀部着地，而膝上耸，叫踞坐。
⑰ 廉纤：细雨貌。⑱ 圮(pǐ)：倒塌、毁坏。⑲ 清隐：云静庵当家道人的名字。

十四日　天忽晴朗，乃强清隐徒为导。清隐谓湖中草满，已成芜田①，徒复有他行，但可送至峰顶。余意至顶，湖可坐得。于是人捉一杖，跻攀深草中②，一步一喘，数里，始历高巅。四望白云，迷漫一色，平铺峰下。诸峰朵朵，仅露一顶，日光映之，如冰壶瑶界③，不辨海陆，然海中玉环一抹④，若可俯而拾也。北瞰山坳壁立，内石笋森森⑤，参差不一。三面翠崖环绕，更胜灵岩；但谷幽境绝，惟闻水声潺潺⑥，莫辨何地。望四面峰峦累累，下伏如丘垤⑦，惟东峰昂然独上，最东之常云，犹堪比肩。导者告退，指湖在西腋一峰，尚须越三尖；余从之，及越一尖，路已绝；再越一尖，而所登顶已在天半。自念《志》云："宕在山顶，龙湫之水，即自宕来。"今山势渐下，而上湫之涧，却自东高峰发脉，去此已隔二谷，遂返辙而东⑧，望东峰之高者趋之。莲舟疲不能从，由旧路下。余与二奴东越二岭，人迹绝矣。已而山愈高，脊愈狭，两边夹立，如行刀背。又石片棱棱怒起⑨，每过一脊，即一峭峰，皆从刀剑隙中攀援而上。如是者三，但见境不容足，安能容湖？既而高峰尽处，一石如劈，向惧石锋撩人⑩，至是且无锋置足矣。踌躇崖上，不敢复向故道，俯瞰南面石壁下有一级，遂脱奴足布四条⑪，悬崖垂空，先下一奴，余次从之，意可得攀援之路。及下，仅容足，无余地。望岩下斗深百丈⑫，欲谋复上，而上岩亦嵌空三丈余，不能飞陟，持布上试，布为突石所勒，忽中断，复续悬之，竭力腾挽，得复登上岩。出险，还云静庵，日已渐西。主仆衣履俱敝，寻湖之兴衰矣，遂别而下，复至龙湫。则积雨之后，怒涛倾注，变幻极势，轰雷喷雪，大倍于昨。坐至暝始出，南行四里，宿能仁寺。

十五日　寺后觅方竹数握⑬，细如枝。林中新条，大可径寸，柔不中杖，老柯斩伐殆尽矣！遂从岐度四十九盘，一路遵海而南，逾窑岙岭，往乐清。

【注释】

① 芜：田地荒废，长满野草。② 跻（jī）：攀登、上升。③ 冰壶：盛冰的玉壶。瑶界：玉石世界。④ 玉环：山名，在与乐清县隔海的玉环岛上，今属浙江的玉环县。⑤ 石笋：像笋状的石质淀积物。森森：又长又密的样子。⑥ 潺（chán）潺：水流动发出的声音。⑦ 丘垤（dié）：小土堆。⑧ 辙（zhé）：本意是车轮碾过的痕迹，这里是指刚才走过的路。⑨ 棱（léng）：锋棱。⑩ 撩（liáo）：引逗；挑弄。这里是扰乱。⑪ 足布：古代男人也用布条包脚，叫足布。⑫ 斗：通陡。⑬ 方竹：竹子的一种，因茎的断面为四边形而得名，坚韧者可做手杖。

【翻译】

初九日离开天台山之后，初十日到达黄岩县城，太阳已经偏西，出南门走了三十里，在八岙住宿。

十一日　走了二十里路，登上盘山岭，远望雁宕的山峰，像荷花插入天际一般，一片片扑入人们的眼帘。又走了二十里，在大荆驿吃饭。向南渡过一条溪水，看见西面的山峰上缀着一块圆石头；仆人们指着说是两个头陀，我却怀疑就是老僧崖，但不怎么像。再走五里，过了章家楼，才看到老僧岩的真面目：秃顶穿着袈裟，好像直立在那里，将近一百尺高，旁边又像一个小童，弯着腰站在后边，刚才被老僧岩所挡住不曾看到。从章家楼往前走二里，在半山腰找到石梁洞。洞门朝东，门口有一道梁，从顶上斜插到地下，好像飞虹下垂一般。由梁旁的缝隙中踏着一层层的石级上去，上面高大空阔。坐了一会，就下山，由右面山脚下越过谢公岭，再渡过一条溪涧，顺溪往西走，就是通往灵峰的道路。转了一个弯，山腋两边耸立的石壁横亘到天空，高峻的山峰错乱重叠，像切削又像簇拥，像并列的竹笋，又像挺秀的芝兰，像直立的笔杆，又像倾斜的头巾。洞口有的像卷起的帷幕，潭水有的绿得像清澈的蓝靛。远望双鸾峰和五老峰，好像翅膀连着翅膀，肩并着肩。这样走了一里光景，到达灵峰寺。从寺的旁边登上灵峰洞。灵峰中间是空的，挺立在寺后，峰侧有空隙可以进去，在空隙里走上几十层石级，直到洞顶，在深暗中有一个圆而宽敞的平台，里边有许多罗汉像。坐着赏玩到深夜降临，才返回灵峰寺。

十二日　饭后，从灵峰右山脚找到碧霄洞。返回原路，到达谢公岭下，向南过了响岩，走了五里，到净名寺路口。进去寻找水帘谷，原来是两崖相夹，水从崖顶飘下来。出了谷走五里，到灵岩寺。这里四面环绕着陡峭的山壁，挨天劈地,转着弯进去,好像另外开辟了一个世界。灵岩寺就坐落在其中,面向南,背后是屏霞嶂。屏霞嶂的顶是平整的,颜色是紫的,有几百丈高,宽度也差不多。嶂的最南面,左边是展旗峰,右边是天柱峰。嶂的右邻,介于天柱峰之间的,先是龙鼻水。龙鼻的洞穴,从石缝直上,像灵峰洞只是小一些,洞穴里的石头全是黄紫色,只有裂缝口的一道石纹呈红青色并有光泽,真有点像鳞甲爪子的形状,从洞顶直通到洞底,垂下来的一头像是个鼻子,鼻端的孔里可以放进手指头,水从里面滴下来注入石盆,这就是屏霞嶂右面的第一奇景。西南是独秀峰,比天柱峰小,但高度和陡峭的程度不相上下。独秀峰的下面是卓笔峰,高度只有独秀峰的一半,陡峭程度也和它一样。两座山峰南面的坳中,轰鸣倾泻而下的,就是小龙湫。隔着龙湫,与独秀峰相对的,是玉女峰。峰顶上有春花,好像插在玉女的发髻上一样。从这里过双鸾峰,就到达最高的天柱峰。双鸾峰只是两座山峰并列崛起,峰边有"僧拜石",好像穿着袈裟正在弯腰下拜,很形象。由屏霞嶂左邻起,介于展旗峰之间的,先是安禅谷,谷就是屏霞嶂的下岩。东南是石屏风,形状像屏霞嶂,高和宽都有峰的一半,正插在屏霞嶂的尽头。屏风的顶上有一块"蟾蜍石",和屏霞嶂旁边的"玉龟"相对。从屏风往南,在展旗峰侧的褶皱处,有条小路直通上去,在石级的尽头,有石头门槛挡住。俯在石槛上看,下边望不到底,上边像插到天上。外面有两个圆的洞穴,旁边还有一个长的洞穴,光线从洞穴中射入,另成一种境界,这就是天聪洞,是嶂左的第一奇景。尖峰叠嶂,左右环抱,奇巧百出,真是天下奇观!而小龙湫的下流,经过天柱峰和展旗峰的地方，有桥横跨在水上，灵峰寺的大门正好面对着桥。桥外含珠岩在天柱峰的脚下，顶珠峰在展旗峰的上边，这又是灵岩外边的景色。

十三日　出了寺院门，顺着山脚往右，一路上崖壁参差，流动的云霞映照出光彩。高而宽的是板嶂岩。岩下耸立而尖夹的，是小剪刀峰。再往前，重叠的山岩上面，有一座插入天际的孤峰是观音岩。岩旁边有马鞍岭横贯在前面。狭窄险峻的山间小路，盘旋曲折，过了山坳向右转，有一条溪水水势很大，涧底平得像磨刀石。沿着溪涧再往里走，离灵岩十多里，过了常云峰，大剪刀峰就独立于涧边。大剪刀峰的北面，山岩重重陡起，叫做连云峰。从这里环绕回合，山岩就到了尽头。龙湫的瀑布，轰鸣着倾泻到潭里，岩势开张峭削，水不是沿山岩流下，而是腾空飘荡，看了顿时叫人觉得目眩心惊。潭上有一座堂，相传那是诺讵那罗汉观赏泉水的地方。从堂后登着层层陡峭的石级上去，上面有个亭子像张开翅膀，面对飞瀑。在亭中踞坐了好一会，下来在庵里吃饭。虽然小雨下个不停，但我的心已飞向雁湖山顶，就冒雨来到常云峰，由峰半腰的道松洞外攀登了三里长的极陡的石级，到达白云庵。已是庵毁人空，只有一个道人在草莽之中，见到客人来了，看了看就走开了。再往里走一里，有座云静庵，就借宿下来。庵里有一道人叫清隐，已经卧床不起几十年了，但还能与客人谈笑。我看到四面山上云雨凄凄，不能不为明早的攀登担忧。

十四日　天气忽然放晴，就坚请清隐的徒弟做向导。清隐说雁湖中已经长满了草，变成荒地，徒弟还有事要到别的地方去，只能送到峰顶。我想到了山顶，雁湖可以轻松找到。于是每人拄了根手杖，在深草中攀登，一步一喘气，走了几里，才到山顶最高处。四边看过去，都是白云，迷漫一色，平铺在峰下。一朵朵山峰，只露一个峰顶，在日光映照下，真像冰雕玉刻的世界，分不清是海上还是陆地，海中的玉环山只露出一丝痕迹，好像一弯腰就可以拣起来似的。从北往下看山坳壁立，里面尽是森森的石笋，参差不一，三面都是翠绿的山崖环绕着，比灵岩更胜一筹，只是谷幽境绝，仅听到潺潺的流水声，弄不清来自什么地方。远望四面峰峦重叠，好像伏在地上的小土堆，只有东峰昂然独上，最东面的常云峰，还可和它并肩。领路的人说他要走了，指点说湖在西山腰的一座峰上，还需要翻过三个山尖；我照他说的前进，等到越过一个山尖，已经没路了，再越过一个山尖，回看所登过的一个山顶，最高处已在半天。我想《志》上所说："雁湖在山顶，龙湫里面的水，就从湖里流出。"现在山势逐渐低下，而上龙湫里的涧水，却从东面的高峰上发源，离这里已经隔了两个山谷，就回头向东，往东峰的最高处走去。莲舟上人疲惫跟不上，就从原路下山。我和两个仆人往东翻过两道岭，已看不到人的足迹。接着山越来越高，山谷也越来越窄，两边夹立，好像走在刀背上一般。加之石片一棱棱地凸起，每过一个山脊，就是一个峭峰，都像在刀剑丛中攀登。这样过了三个山梁，只见地方小得连脚都放不下，怎能容得下一个湖呢？接着到了高峰的尽头，有块石头像劈开一样，刚才怕石锋刺人，到这里竟没有石锋可以踏脚了。在崖上犹豫不决，不敢从原路返回，低头看南面石壁下有一级台阶，就把仆人的四条包脚布解下来,一头悬挂在崖上一头垂在空中,先下去一个仆人,我再跟着下去,心想这总可找到一条攀援的道路。等下去后才知狭得只能容足,再没有更多的地方。看岩下深陡有上百丈,想再上去,但上崖也已脱空了三丈多,不能飞登上去,拉着脚布往上试爬,布被突出来的石头割破,忽然中断;再接好挂上,竭力拉着布往上攀登,才重新登上石崖。脱离了险境,回到云静庵,日头已渐偏西。我和仆人的衣服和鞋子都破了,再提不起寻找雁湖的兴趣,就告别往下走,又来到大龙湫。正逢积雨之后,怒涛倾泻,变化万千,声像轰雷,水如喷雪,比昨天看到的大了一倍。在这里坐到天晚才离开,向南走了四里,在能仁寺住宿。

十五日　在寺后找了几把方竹,都细得像树枝一样;林中的嫩枝条,大的直径也仅有一寸,柔软不能作为手杖,老干差不多被砍光了!就从岔路越过四十九盘,一路沿海往南走,越过窑岙岭,去乐清县城。

游黄山日记(徽州府)①

黄山,本来叫黟山②,到唐代才改名黄山,在今安徽省南部,跨歙、黟、太平、休宁四县,是青弋江上游的发源地。以奇松、怪石、云海、温泉著称。

徐霞客曾两次游黄山,这是明万历四十四年(1616)他三十一岁时第一次游黄山所写的日记。

初二日③。 自白岳下山④,十里,循麓而西,抵南溪桥。 渡大溪,循别溪,依山北行,十里,两山峭逼如门,溪为之束。 越而下,平畴颇广。 二十里,为猪坑。由小路登虎岭,路甚峻。 十里,至岭;五里,越其麓。北望黄山诸峰,片片可掇。 又三里,为古楼坳,溪甚阔,水涨无梁,木片淼布一溪,涉之甚难。 二里,宿高桥。

初三日 随樵者行久之,越岭二重,下而复上,又越一重，两岭俱峻，曰双岭。 共十五里，过江村。 二十里，抵汤口，香溪、温泉诸水所由出者。 折而入山，沿溪渐上，雪且没趾。 五里，抵祥符寺。 汤泉在隔溪，遂俱解衣赴汤池。 池前临溪，后倚壁，三面石甃，上环石如桥。 汤深三尺，时凝寒未解，而汤气郁然，水泡池底汩汩起⑤，气本香冽，黄贞父谓其不及盘山⑥，以汤口、焦村孔道，浴者太杂遝也⑦。 浴毕，返寺。 僧挥印引登莲花庵，蹑雪循涧以上。 涧水三转：下注而深泓者⑧，曰白龙潭；再上而停涵石间者，曰丹井。 井旁有石突起，曰药臼⑨，曰药铫⑩。 宛转随溪，群峰环耸，木石掩映。 如此一里，得一庵，僧印我他出，不能登其堂。 堂中香炉及钟鼓架，俱天然古木根所为。 遂返寺宿。

初四日 兀坐听雪溜竟日⑪。

初五日 云气甚恶，余强卧至午起。 挥印言慈光寺颇近，令其徒引。 过汤池，仰见一崖，中悬鸟道，两旁泉泻如练⑫。 余即从此攀跻上；泉光云气，撩绕衣裾⑬。 已转而右，则茅庵上下，磬韵香烟⑭，穿石而出，即慈光寺也。 寺旧名硃砂庵。 比丘为余言⑮："山顶诸静室⑯，径为雪封者两月。 今早遣人送粮，山半，雪没腰而返。"余兴大阻，由大路二里下山，遂引被卧。

【注释】

① 徽州府：属于南京（南直隶）管辖，府治歙（shè）县即今安徽歙县。② 黟（yī）。③ 初二日：明万历四十四年（1616）二月初二日。④ 白岳：在今安徽休宁城西十五公里处，今通称齐云山。⑤ 汩（gǔ）汩：水急流的声音。⑥ 盘

山：在今天津蓟县西北。⑦ 杂遝（tà）：多而杂乱。⑧ 泓（hóng）：水深。⑨ 药白：石头的形状像杵药的臼，所以叫药白。⑩ 铫（diào）：吊子，一种有柄的小型烹器，药铫是专用来熬药的铫。⑪ 兀坐：静坐。⑫ 练：白绢。⑬ 裾（jū）：衣的前襟或衣袖都可叫裾。⑭ 磬（qìng）：本是一种乐器，此指佛寺里专用的磬。⑮ 比丘：是梵文音译，指佛教的僧徒。⑯ 静室：佛教徒修建来供住宿修持的房舍。

初六日　天色甚朗，觅导者各携筇上山①，过慈光寺，从左上。石峰环夹，其中石级为积雪所平，一望如玉。疏木茸茸中②，仰见群峰盘结，天都独巍然上挺。数里，级愈峻，雪愈深，其阴处冻雪成冰，坚滑不容着趾。余独前，持杖凿冰，得一孔，置前趾，再凿一孔，以移后趾；从行者俱循此法得度。上至平岗，则莲花、云门诸峰，争奇竞秀，若为天都拥卫者。由此而入，绝巘危崖③，尽皆怪松悬结，高者不盈丈，低仅数寸，平顶短鬣④，盘根虬干⑤，愈短愈老，愈小愈奇，不意奇山中又有此奇品也！松石交映间，冉冉僧一群从天而下⑥，俱合掌言："阻雪山中已三月，今以觅粮勉到此。公等何由得上也？"且言："我等前海诸庵，俱已下山，后海山路尚未通，惟莲花洞可行耳。"已而从天都峰侧攀而上，透峰罅而下，东转，即莲花洞路也。余急于光明顶、石笋矼之胜⑦，遂循莲花峰而北，上下数次，至天门。两壁夹立，中阔摩肩，高数十丈，仰面而度，阴森悚骨。其内积雪更深，凿冰上跻；过此，得平顶，即所谓前海也。由此更上一峰，至平天矼。矼之兀突独耸者，为光明顶。由矼而下，即所谓后海也。盖平天矼阳为前海，阴为后海，乃极高处；四面皆峻坞，此独若平地。前海之前，天都，莲花二峰最峻；其阳属徽之歙，其阴属宁之太平⑧。余至平天矼，欲望光明顶而上，路已三十里，腹甚枵⑨，遂入矼后一庵，庵僧俱踞石向阳。主僧曰智空，见客色饥，先以粥饷，且曰："新日太皎，恐非老晴。"因指一僧谓余曰："公有余力，可先登光明顶而后中食，则今日犹可抵石笋矼，宿是师处矣。"余如言登顶，则天都、莲花并肩其前，翠微、三海门环绕于后；下瞰绝壁峭岫罗列⑩，坞中即丞相原也。顶前一石伏而复起，势若中断，独悬坞中，上有怪松盘盖。余侧身攀踞其上，而浔阳踞大顶相对⑪，各夸胜绝。下入庵，黄粱已熟⑫。饭后，北向过一岭，踯躅菁莽中⑬，入一庵，曰狮子林，即智空所指宿处。主僧霞光，已待我庵前矣。遂指庵北二峰曰："公可先了此胜⑭。"从之。俯窥其阴，则乱峰列岫，争奇并起。循之西，崖忽中断，架木连之，上有松一株，可攀引而度，所谓接引崖也。度崖，穿石罅而上，乱石危缀间，构木为室⑮，其中亦可置足，然不如踞石下窥更雄胜耳。下崖，循而东，里许，为石笋矼。矼脊斜亘，两夹悬坞中，乱峰森罗，其西一面，即接引崖所窥者。矼侧一峰突起，多奇石怪松，登之俯瞰壑中，正与接引崖对瞰，峰回岫转，顿改前观。下峰，则落照拥树，谓明晴可卜，踊跃归庵。霞光设茶，引登前楼。西望碧痕一缕，余疑山影，僧谓："山影夜望甚近，此当是云气。"余默然，知为雨兆也。

【注释】

①筇(qióng)：杖，因为筇竹可以作杖，因而也称杖为筇。②疏：不密。③巘(yǎn)：本意是大小成两截的山，用在这里是指山。④鬣(liè)：松针。⑤虬(qiú)：神话中龙的一种。⑥冉冉：形容前进得缓慢。⑦矼(gāng)：石桥。⑧宁：宁国府，府治宣城即今安徽宣城，太平是宁国府的属县。⑨腹枵(xiāo)：枵是空虚，腹枵是腹中空空。⑩瞰(kàn)：俯看，低头看。岫(xiù)：峰峦。⑪浔阳：徐霞客又称他为叔翁，可能是徐霞客岳父的兄弟，姓许，浔阳是他的字号，名叫什么已无从查考。⑫黄粱：黄小米，但自从黄粱梦的故事流行后，也用来指一般的米饭。⑬踯躅(zhí zhú)：走路吃力缓慢。菁(jīng)莽：茂盛的草木。⑭了：了结，用在这里是游了的意思。⑮构：架屋。

初七日　四山雾合。少顷，庵之东北已开，西南腻甚，若以庵为界者；即狮子峰亦在时出时没间。晨餐后，由接引崖践雪下。坞半一峰突起，上有一松，裂石而出，巨干高不及二尺，而斜拖曲结，蟠翠三丈余，其根穿石上下，几与峰等，所谓"扰龙松"是也。攀玩移时，望狮子峰已出，遂杖而西。是峰在庵西南，为案山。二里，蹑其巅，则三面拔立坞中，其下森峰列岫，自石笋、接引两坞，迤逦至此①，环结又成一胜。登眺间，沉雾渐爽，急由石笋矼北转而下，正昨日峰头所望森阴径也。群峰或上或下，或巨或纤，或直或欹，与身穿绕而过，俯窥辗顾，步步生奇，但壑深雪厚②，一步一悚。行五里，左峰腋一窦透明，曰"天窗"。又前，峰旁一石突起，作面壁状，则"僧坐石"也。下五里，径稍夷，循涧而行。忽前涧乱石纵横，路为之塞。越石久之，一阙新崩，片片欲坠，始得路。仰视峰顶，黄痕一方，中间绿字，宛然可辨，是谓"天牌"，亦谓"仙人榜"。又前，鲤鱼石；又前，白龙池，共十五里。一茅出涧边，为松谷庵旧基。再五里，循溪东西行，又过五水，则松谷庵矣。再循溪下，溪边香气袭人，则一梅亭亭正发，山寒稽雪③，至是始芳。抵青龙潭，一泓深碧，更会两溪，比白龙潭势既雄壮，而大石磊落④，奔流乱注，远近群峰环拱，亦佳境也。还餐松谷，往宿旧庵。余初至松谷，疑已平地，及是询之，须下岭二重，二十里方得平地，至太平县共三十五里云。

初八日 拟寻石笋奥境，竟为天夺，浓雾迷漫。抵狮子林，风愈大，雾亦愈厚。余急欲趋炼丹台，遂转西南。三里，为雾所迷，偶得一庵，入焉。雨大至，遂宿此。

初九日 逾午少霁。庵僧慈明甚夸西南一带峰岫，不减石笋矼，有"秃颅朝天"、"达摩面壁"诸名⑤。余拉浔阳蹋乱流至壑中，北向即翠微诸峦，南向即丹台诸坞，大抵可与狮峰竞驾，未得比肩石笋也。雨踵至，急返庵。

初十日 晨，雨如注，午少停。策杖二里，过飞来峰，此平天矼之西北岭也。其阳坞中，峰壁森峭，正与丹台环绕。二里抵台。一峰西垂，顶颇平伏。三面壁翠合沓⑥，前一小峰起坞中，其外则翠微峰、三海门蹄股拱峙，登眺久之。东南一里，绕出平天矼下，雨复大至,急下天门。两崖隘肩,崖额飞泉俱从人顶泼下。出天门,危崖悬叠,路缘崖半,比后海一带森峰峭壁,又转一境。"海螺石"即在崖旁,宛转酷肖,来时忽不及察,今行雨中,颇稔其异⑦,询之始知。已趋大悲庵,由其旁复趋一庵,宿悟空上人处。

十一日 上百步云梯。梯磴插天,足趾及腮⑧,而磴石倾侧岈⑨,兀兀欲动⑩;前下时以雪掩其险,至此骨意俱悚。上云梯,即登莲花峰道。又下转,由峰侧而入,即文殊院、莲花洞道也。以雨不止,乃下山,入汤院,复浴。由汤口出,二十里,抵芳村;十五里,抵东潭,溪涨不能渡而止。黄山之流,如松谷、焦村,俱北出太平;即南流如汤口,亦北转太平入江;惟汤口西有流,至芳村而巨,南趋岩镇,至府西北与绩溪会⑪。

【注释】

① 迤逦(yǐ lǐ):曲折连绵。② 壑(hè):深沟,坑谷。③ 稽雪:稽本是留止的意思,这里的稽雪就是积雪。④ 磊:石头累积。⑤ 达摩(?—528年或536年):菩提达摩的简称,是中国佛教禅宗的创始人,在南朝宋末从印度航海到广州,又北去洛阳,住嵩山少林寺,传说在此面壁打坐九年之久。⑥ 沓(tà):繁多,重复。⑦ 稔(rěn):本意是庄稼成熟,引为熟悉,用在这里是觉察的意思。⑧ 腮(sāi):人脸的两颊的下半部。⑨ 岈(hán xiā):本是山深貌,这里用来形容磴石的不平稳。⑩ 兀兀:磴石不平稳,脚踏上去发出兀兀的声音。⑪ 绩溪:源出今安徽绩溪县,现在叫练江。

【翻译】

初二日 从白岳山下来,走了十里,沿山麓向西,到达南溪桥。渡过大溪,沿着另一条溪水,靠山向北走,走了十里,有两座陡峭的山峰紧靠着像门一样,溪水被约束在中间。翻下山,是一片宽广平坦的耕地。前行二十里,到达猪坑。从小路去登虎岭,路十分险峻。走了十里,到达虎岭,再走五里,越过山麓。向北遥望黄山的许多山峰,一片片地仿佛伸手就可拾得。再走三里,是古楼坳,溪很宽阔,溪水漫涨又无桥,木片遍布水面,涉溪而过时十分艰难。走了二里,在高桥歇宿。

初三日 跟随樵夫走了很久,越过两重山岭,下了又上,再翻过一重,这两座岭都很险峻,叫做双岭。共走了十五里,过江村。二十里,到达汤口,香溪、温泉等水流都从这里流出。转过路进山,沿溪水渐渐上行,积雪没到脚面。走了五里,到达祥符寺。汤泉就在溪水对岸,就都脱去衣服下到汤池里。汤池前面临溪,后面靠山,三面石壁,上面有条环石像桥一般。汤有三尺深,这时雪天寒意尚未消解,而汤水热气腾腾,水泡从池底汩汩泛起,气味本来就既香且清。黄贞父说它不及盘山,是因为汤口、焦村是交通要道,沐浴的人太多太杂乱了。浴毕,返回寺中。由僧挥印领着登上莲花庵,踏着雪沿山涧而上。涧水有三个转折:往下流而很深的,叫白龙潭;再往上停积在石坳中的,叫丹井。井旁有突出的山石,叫药臼、药铫。沿着溪水一路上都是高耸的山峰,树木怪石错落有致。这样走了一里,有一所庵,庵僧印我外出,不能进入佛堂。堂里的香炉和钟鼓架，都是利用天然的古树树根制作的。于是返回祥符寺歇宿。

初四日　整天静坐，倾听雪化后溜下去的声音。

初五日　云气很浓，我勉强睡到中午才起身。挥印说慈光寺很近，叫他的徒弟引导着前去。路过汤池，抬头见一山崖，崖中孤悬一条小路，两旁泉水奔泻如同白练。我就从这里攀登上去；泉光云气，就在襟袖之间。不多时转而向右，但见茅庵上下相间，庵里的磬声和焚香的烟气，都穿石而出，这就是慈光寺了。寺原名硃砂庵。和尚对我说："山顶各个静室，道路被大雪封阻已经有两个月。今早派人上去送粮，走到半山，雪深齐腰只好返回。"我游兴为之大减，顺大路走了二里下山，回到住处就拉开被子睡下。

初六日　天色十分晴朗，找好向导各自持杖上山，过了慈光寺，从左边上去。环绕的石峰贴紧在两边，中间的石级被积雪填平，一眼望去真像白玉雕琢。透过一丛丛稀疏的林木，抬头可以看到许多山峰交错盘结，其中天都峰巍然挺立。走了几里，石级愈陡峻，积雪也愈深，背阴处雪冻成了冰，又硬又滑不能落脚。我独自当先开路，用杖凿打坚冰，凿出一孔，置放前脚，再凿一孔，移置后脚；跟在我后面的人都用这种办法度过这段险路。上到平岗，就看到莲花、云门等峰，争奇竞秀，好像是天都峰的拥卫。从这里进去，险壁危崖之上，到处有怪松悬挂盘结，高的不满一丈，矮的只有几寸，松顶平松针短，树根盘着树干像虬龙一样，而且愈矮愈老，愈小愈奇，想不到奇山之中又有这种奇妙的品种！在松石交映之间，有一群僧人缓慢地从天而下，都合掌说："我们被雪封在山中已有三个月，现在为了寻找粮食才努力走到这里,你们是怎样上来的啊?"还说:"我们前海各庵僧人,都已下山,后海山路还没有通,只有莲花洞可以行走。"过一会从天都峰侧面攀登而上,穿过峰的裂缝再下来,向东转弯,就是莲花洞的路了。我急于看光明顶、右笋矼的胜景,就沿莲花峰向北,翻上走下好几次,到达天门。两边峭壁夹立,中间只有擦肩宽,有几十丈高,仰面通过,阴森恐怖入骨。这里边积雪更深,要凿冰上攀;过了这一段,到达平顶,就是所说的前海。从这里再攀上一座山峰,到达平天矼。矼中高耸独立的就是光明顶。从矼而下,就是所说的后海了。大体上说在平天矼南面是前海,北面是后海,是极高之处;四面都是险峻的坞壁,惟独这里如平地。前海之前,以天都、莲花二峰最为高峻;它的南面属于徽州府的歙县,北面属于宁国府的太平县。我到达平天矼,要想看光明顶得攀登上去,但已走了三十里,肚子非常饥饿,于是进入矼后的一所庵,庵里的僧徒都蹲在石头上晒太阳。主僧名叫智空,看到来客面有饥色,先拿出粥来请我们吃,并说:"早上升起的太阳过于白,恐怕不会久晴。"指着一个僧人对我说:"你如果还有余力,可先登上光明顶后再吃午饭,这样今天还可到石笋矼,歇宿在这位法师那里。"我照他所说登上了光明顶,于是天都、莲花二峰并肩耸立在前,翠微、三海门环绕在后,低下头看只见绝壁峭崖罗列,山坞之中就是丞相原。山顶前有一大石正在往起站的样子,中间好像要断裂,孤零零悬在坞中,石上盘盖着怪松。我侧身攀蹲在石上,而浔阳叔翁蹲在大顶上和我相对,各夸胜景奇绝。下光明顶入庵,饭已煮熟。饭后,向北翻越一座山岭,在草莽中吃力地前进。进入一所庵，叫狮子林，就是智空所指的歇宿处。主僧霞光，已经在庵前等候了。霞光指着庵北面的两座山峰说："你可先游了这处胜景。"我听从了。低头看北边，峰岫纷列，争奇斗胜。向西去，北崖忽然中断，架有木材把它连接起来，上面有株松树，可以攀引度过，这就是所说的接引崖了。度过崖，穿石缝而上，在乱石累叠之中，有间木头搭的小屋，屋里虽也可以进去，但总不如蹲在石上向下看去更加雄胜。从崖上下来，向东去，约一里路，是石笋矼。矼的背脊是斜的，横贯两崖悬空在坞里，乱峰林立，西边一面，便是在接引崖所窥见的。矼旁突起一座山峰，上面有许多奇石怪松，攀登上去低头看山壑，正看到了接引崖所见的另一面，峰回路转，顿时改变了先前所见到的景象。走下峰来，已是太阳落到树梢的时候了，心想明天肯定晴朗，很兴奋地回到庵里。霞光设茶款待，并引上前楼。西望有碧痕一缕，我疑心是山影，霞光说："山影于夜间看过去很近，这应该是云气。"我默然不语，知道是有雨的先兆。

初七日　四面山峰被雾气笼罩。过了一会儿，庵东北方雾已散开，西南方则仍然很浓厚，好像以庵作为界线；就是狮子峰也在时现时隐之间。早饭后，由接引崖踏雪而下。坞半腰处突出一峰，上面有株松树，从石缝里长出来，粗的树干不到二尺高，可是斜枝横拖曲结，覆盖竟广至三丈多，树根穿越石隙上下延伸，几乎遍及这座山峰，这就是所说的"扰龙松"了。攀玩了好一会，看到云雾已现出了狮子峰，就撑着杖向西前进。这座峰在庵的西南，叫案山。走了二里，登上山巅，看到它是三面挺立在坞里，它的下边峰峦林立，从石笋、接引两坞，曲折连绵直到这里，又环结起来形成了一个胜景。登临眺望间,看到沉雾逐渐开朗,急忙从石笋矼北转而下,正是昨天在峰头所望见的阴森路径。山峰或上或下,或巨或细,或直或斜,置身其中穿绕而过,低头环顾,处处都出现奇景,只是壑深雪厚,每走一步都感到害怕。走了五里,左边山峰半腰里有个透亮洞穴,叫"天窗"。再往前,山峰旁有石块突起,像面壁的样子,这就是"僧坐石"了。往下走了五里,路径稍微平坦,沿山涧而前进。忽然前面山涧乱石纵横,路被堵塞。穿越乱石走了许久,一个缺口新近崩裂,石壁一片片好像要掉下来,在这里才找到路径。仰望峰顶,有一块黄色痕迹,当中的绿字,仿佛可以辨认,这叫"天牌",也叫"仙人榜"。又往前,是鲤鱼石,又往前,是白龙池,一共十五里路。有间茅庵出现在山涧旁,是松谷庵的旧址。走五里,沿溪的东边向西前进,又过一条五水,就到松谷庵了。沿溪再向下走去,溪边香气扑鼻,一株梅花亭亭而立,花正开放,一路山寒雪积,到这里才有了芬芳。到达青龙潭,潭水既深且碧,又汇合了两股溪流,比起白龙潭来气势已很雄壮。而且大石累积,奔流乱注,远近群峰环绕拱卫,也是一处佳境。回到松谷庵,以为已经到了平地,等到询问他人,说是要下两重山岭,走二十里路才能到达平地,到太平县总共有三十五里。

初八日　打算探寻石笋的妙境,结果被天剥夺了这个权利,因为浓雾迷漫,到了狮子林,风越来越大,雾也越来越厚。我急于赶往炼丹台,就转向西南,走了三里,因大雾迷路,偶然发现一所庵,就进去。大雨骤然而来,就留宿在这里。

初九日　中午过后稍微放晴,庵僧慈明将西南一带的峰岫大加夸耀，说不亚于石笋矼，有"秃颅朝天"、"达摩面壁"等名称。我拉着浮阳叔翁踏过乱流来到山鏊里，北面就是翠微等峰峦，南面就是丹台等山坞，大约可以同狮峰并驾，可不能与石笋比肩。雨又接踵而来，急忙返回庵里。

初十日 早晨，大雨如注，午间稍止。撑着杖走了二里路，越过飞来峰，这是平天矼西北面的峰岭。它南面的山坞里，峰壁林立，正和丹台相环绕。走了二里抵达丹台，看到一座山峰垂挂于西边，顶部颇为平伏，三面翠壁重叠，正前面有座小山峰拔起于山坞之中，外围则有翠微峰、三海门像蹄和腿那样拱立对峙，在这里登临眺望了好久。再往东南走上一里，绕出平天矼下，雨又下大了，急忙走下天门。两崖狭窄仅能容肩，崖上飞泉不断从人头顶上泼洒下来。出了天门，危崖悬叠，路沿着半崖走，比起后海一带的森峰峭壁，又转换了一个境界。"海螺石"就在崖旁，处处酷似海螺，来时疏忽没有细看，如今在雨中赶路，觉察到它的奇异，问了人才知道。不多时来到大悲庵，从它旁边又进入一庵，留宿在悟空上人那里。

十一日 攀登百步云梯。梯的石磴插天直上，前人的足趾几乎挨着后人的腮帮，同时石磴倾侧不平，兀兀欲动；前此下来时这些险处被雪遮掩了，这时感到毛骨悚然。上了云梯，就是登莲花峰的路。再向下转，从峰侧走过去，就是去文殊院、莲花洞的路了。因为雨下个不停，就下山，进入汤院，再次沐浴。从汤口出山，走了二十里，到达芳村；再走十五里，到达东潭，因溪水上涨不能渡过停下来。黄山的溪水，像松谷、焦村，都是向北出太平县；即使是南流的水像汤口,也仍是北转到太平县流入长江;只有汤口西边有条水,到芳村形成巨流,向南过岩镇,到徽州府的西北与绩溪相会合。

游庐山日记(江西九江府)①

庐山又称匡山,也称匡庐,在今江西省北部九江、星子之间,鄱阳湖、长江之滨。山上有石门、白鹿洞、三迭泉、含鄱口等胜迹,气候宜人,是有名的避暑胜地。

这是徐霞客在明万历四十六年(1618)三十三岁时游庐山所写的日记。

戊午②,余同兄雷门、白夫③,以八月十八日至九江。易小舟,沿江南入龙开河。二十里,泊李裁缝堰。登陆,五里,过西林寺,至东林寺。寺当庐山之阴④,南面庐山,北倚东林山。山不甚高,为庐之外廓;中有大溪,自东而西,驿路界其间⑤,为九江之建昌孔道⑥。寺前临溪,入门为虎溪桥,规模甚大,正殿夷毁,右为三笑堂。

十九日 出寺,循山麓西南行⑦,五里,越广济桥,始舍官道,沿溪东向行。又二里,溪回山合,雾色霏霏如雨⑧。一人立溪口,问之,由此东上为天池大道,南转登石门,为天池寺之侧径。余稔知石门之奇,路险莫能上,遂倩其人为导⑨,约二兄径至天池相待。遂南渡小溪二重,过报国寺,从碧条香蔼中⑩,攀陟五里,仰见浓雾中双石屼立⑪,即石门也。一路由石隙而入,复有二石峰对峙。路宛转峰罅,下瞰绝涧诸峰,在铁船峰旁,俱从涧底矗耸直上,离立咫尺⑫,争雄竞秀,而层烟叠翠,澄映四外;其下喷雪奔雷,腾空震荡,耳目为之狂喜!门内对峰倚壁,都结层楼危阙。徽人邹昌明、毕贯之新建精庐⑬,僧容成焚修其间。从庵后小径,复出石门一重,俱从石崖上,上攀下蹑⑭,磴穷则挽藤,藤绝置木梯以上。如是二里,至狮子岩,岩下有静室。越岭,路颇平。再上里许,得大道,即自郡城南来者⑮。历级而登,殿已当前,以雾故不辨。逼之,而朱楹彩栋⑯,则天池寺也,盖毁而新建者。由右庑侧登聚仙亭,亭前一崖突出,下临无地,曰文殊台。出寺,由大道左登披霞亭,亭侧岐路东上山脊,行三里。由此再东二里,为大林寺。由此北折而西,曰白麓升仙台,北折而东,曰佛手岩。升仙台三面壁立,四旁多乔松,高帝御制周颠仙庙碑在其顶⑰,石亭覆之,制甚古。佛手岩穹然轩峙⑱,深可五六丈,岩端石岐横出,故称"佛手"。循岩侧庵右行,崖北两层突出深坞,上平下仄,访仙台遗址也。台后石上书"竹林寺"三字。竹林为匡庐幻境,可望不可即,台前风雨中,时时闻钟梵声⑲,故以此当之。时方云雾迷漫,即坞中景亦如海上三山⑳,何论竹林?还出佛手岩,由大路东抵大林寺。寺四面峰环,前抱一溪。溪上树大三人围,非桧非杉,枝头着子累累,传为宝树,来自西域,向有二株,为风雨拔去其一矣。

【注释】

① 江西九江府:江西是指江西布政使司,即今江西省。九江府的府治德化即今江西九江。② 戊午:万历四十六年(1618)。③ 兄雷门、白夫:这里的"兄"是指族兄,即同一族年长的同辈人,雷门,名应震,和徐霞客同年生,白夫年岁不详。④ 庐山之阴:我国古代叫山的北面为阴,南面为阳;水的北面叫阳,南面叫阴。⑤ 驿路:古时交通大道,路上设有驿站。⑥ 建昌:县名,在今江西永修西北的艾城。⑦ 麓(lù):山脚。⑧ 霏(fēi)霏:形容雨雪云雾之密。⑨ 倩(qiàn):请求。⑩ 蔼(ǎi):通"霭",云气。⑪ 屼(wù):山秃貌。⑫ 咫(zhǐ)尺:咫是古代长度名称,八寸为一咫,咫尺是距离很近的意思。⑬ 精庐:即精舍,这里指僧、道居住或讲道说法之所。⑭ 蹑(niè):踩、踏。⑮ 郡城:郡本是先秦到隋唐的地方行政区划,明代已没有郡,但习惯上仍可称府的治所为"郡城",在这里就是指九江府城。⑯ 楹(yíng):厅堂前部的柱子。栋:大梁。⑰ 高帝:明朝的开国皇帝明太祖朱元璋,太祖是庙号,高皇帝是谥号,简称"高帝"。周颠仙庙碑:周颠是元代末年一个装疯卖傻的所谓异人,在江西活动,朱元璋打天下时曾利用过他,当上皇帝后给他撰写了这块碑立在庐山。⑱ 穹(qióng):像天空那样中间隆起四面下垂的模样。轩:这里是高敞的意思。⑲ 梵(fàn):梵文 Brahma 的省称,意即"清净"、"寂静",佛教用此语来称呼与佛教有关的事物,这里的"梵声"就是指念经的声音。⑳ 海上三山:秦汉时方

士说东海有蓬莱、方丈、瀛洲三座山，是神仙居住的地方，后人称之为海上三山。

二十日　晨雾尽收。出天池，趋文殊台。四壁万仞①，俯视铁船峰，正可飞舃②。山北诸山，伏如聚蝗③。匡湖洋洋山麓④，长江带之，远及天际。因再为石门游，三里，度昨所过险处，至则容成方持贝叶出迎⑤，喜甚，导余历览诸峰。上至神龙宫右，折而下，入神龙宫。奔涧鸣雷，松竹荫映，山峡中奥寂境也⑥。循旧路抵天池下，从岐径东南行十里，升降于层峰幽涧，无径不竹，无阴不松，则金竹坪也⑦。诸峰隐护，幽倍天池，旷则逊之。复南三里，登莲花峰侧，雾复大作⑧。是峰为天池案山⑨，在金竹坪则左翼也。峰顶丛石嶙峋⑩，雾隙中时作窥人态，以雾不及登。越岭东向二里，至仰天坪，因谋尽汉阳之胜。汉阳为庐山最高顶，此坪则为僧庐之最高者。坪之阴，水俱北流从九江；其阳，水俱南下属南康⑪。余疑坪去汉阳当不远，僧言中隔桃花峰，尚有十里遥。出寺，雾渐解，从山坞西南行，循桃花峰东转，过晒谷石，越岭南下，复上，则汉阳峰也。先是遇一僧，谓峰顶无可托宿，宜投慧灯僧舍，因指以路。未至峰顶二里，落照盈山，遂如僧言，东向越岭转而西南，即汉阳峰之阳也。一径循山，重嶂幽寂，非复人世。里许，蓊然竹丛中得一龛⑫，有僧短发覆额，破衲赤足者⑬，即慧灯也，方挑水磨腐。竹内僧三四人，衣履揖客，皆慕灯远来者，复有赤脚短发僧从崖间下，问之，乃云南鸡足山僧⑭。灯有徒，结茅于内，其僧历悬崖访之，方返耳。余即拉一僧为导，攀援半里，至其所。石壁峭削，悬梯以度，一茅如意灯龛。僧本山下民家，亦以慕灯居此。至是而上仰汉阳，下俯绝壁，与世复隔矣⑮。暝色已合，归宿灯龛。灯煮腐相饷，前指路僧亦至。灯半月一腐，必自己出，必遍及其徒。徒亦自至，来僧其一也。

【注释】

① 仞（rèn）：古代长度单位，周制为八尺，汉制为七尺，东汉末为五尺六寸。② 飞舄（xì）：舄是古代一种复底鞋。传说东汉时有个县令叫王乔，是个仙人，能变成凫（fú）飞来飞去，人们用网捕捉凫，只捉到一只舄，飞舄就是指仙人王乔的舄。③ 螘（yǐ）："蚁"的本字。④ 洋洋：水盛大的样子。⑤ 贝叶：印度贝多罗（pattra）树的叶子，用水沤后可以代纸，古代印度人多用以写佛经，后因称佛经为"贝叶"。⑥ 隩：水边深曲之地。⑦ 坪（píng）：山里的小块平地。⑧ 作：起。⑨ 案山：是当时的习惯用语。"案"字有"界"的意思，案山可能指山的边界，究竟该怎样解释已不清楚。⑩ 嶙峋（lín xún）：山石突兀貌。⑪ 南康：南康府，府治星子即今江西星子县。⑫ 龛（kān）：本是供奉佛像的石室，后来僧徒居住的房子也叫龛，不一定是石质。⑬ 衲：僧徒的衣服常用许多碎布补缀而成，叫做衲衣。⑭ 云南：云南布政使司，即今云南省。鸡足山：见本书《鸡足山》篇。⑮ 夐（xiòng）：远。

二十一日　别灯，从麓后小径直跻汉阳峰。攀茅拉棘，二里，至峰顶。南瞰鄱湖①，水天浩荡，东瞻湖口②，西盼建昌，诸山历历，无不俯首失恃；惟北面之桃花峰，铮铮比肩③，然昂霄逼汉④，此其最矣。下山二里，循旧路，向五老峰。汉阳、五老，俱匡庐南面之山，如两角相向，而犁头尖界于中，退于后，故两峰相望甚近，而路必仍至金竹坪，绕犁头尖后，出其左胁，北转始达五老峰，自汉阳计之，且三十里。余始至岭角，望峰顶坦夷，莫详五老面目。及至峰顶，风高水绝，寂无居者。因遍历五老峰。始知是山之阴，一冈连属；阳则山从绝顶平剖，列为五枝，凭空下坠者万仞，外无重冈叠嶂之蔽，际目甚宽。然彼此相望，则五峰排列自掩，一览不能兼收。惟登一峰则两旁无底，峰峰各奇不少让，真雄旷之极观也！仍下二里，至岭角。北行山坞中，里许，入方广寺，为五老新刹⑤。僧知觉甚稔三叠之胜，言道路极艰，促余速行。北行一里，路穷，渡涧，随涧东西行，鸣流下注乱石，两山夹之，丛竹修枝，郁葱上下⑥，时时仰见飞石，突缀其间，转入转佳。既而涧旁路亦穷，从涧中乱石行，圆者滑足，尖者刺履。如是三里，得绿水潭；一泓深碧，怒流倾泻于上，流者喷雪，停者毓黛⑦。又里许，为大绿水潭；水势至此将堕，大倍之，怒亦益甚。潭前峭壁乱耸，回互逼立，下瞰无底，但闻轰雷倒峡之声，心怖目眩，泉不知从何坠去也。于是涧中路亦穷，乃西向登峰。峰前石台鹊起⑧，四瞰层壁，阴森逼侧，泉为所蔽，不得见，必至对面峭壁间，方能全收其胜。乃循山冈，从北东转，二里，出对崖下瞰，则一级、二级、三级之泉，始依次悉见。其坞中一壁，有洞如门者二，僧辄指为竹林寺门云。顷之，北风自湖口吹上，寒生粟起，急返旧路，至绿水潭，详观之，上有洞翕然下坠⑨，僧引入其中曰："此亦竹林寺三门之一。"然洞本石罅夹起，内横通如"十"字，南北通明，西入似无底止。出溯溪而行，抵方广，已昏黑。

二十二日 出寺，南渡溪，抵犁头尖之阳。东转下山十里，至楞伽院侧⑩。遥望山左胁，一瀑从空飞坠，环映青紫，夭矫滉漾⑪，亦一雄观。五里，过栖贤寺，山势至此始就平。以急于三峡涧，未之入，里许，至三峡涧。涧石夹立成峡，怒流冲激而来，为峡所束，回奔倒涌，轰振山谷。桥悬两崖石上，俯瞰深峡中，迸珠戛玉⑫。过桥，从岐路东向，越岭趋白鹿洞⑬。路皆出五老峰之阳，山田高下，点错民居。横历坡陀、仰望排嶂者三里，直入峰下，为白鹤观。又东北行三里，抵白鹿洞，亦五老峰前一山坞也，环山带溪，乔松错落。出洞，由大道行，为开先道。盖庐山形势，犁头尖居中而少逊，栖贤寺实中处焉。五老左突，下即白鹿洞，右峙者则鹤鸣峰也，开先寺当其前。于是西向循山，横过白鹿、栖贤之大道，十五里，经万松寺，陟一岭而下，山寺巍然南向者，则开先寺也。从殿后登楼眺瀑，一缕垂垂，尚在五里外，半为山树所翳，倾泻之势，不及楞伽道中所见，惟双剑崭崭众峰间⑭，有芙蓉插天之态；香炉一峰，直山头圆阜耳。从楼侧西下壑，涧流铿然⑮，泻出峡石，即瀑布下流也。瀑布至此，反隐不复见，而峡水汇为龙潭，澄映心目。坐石久之，四山暝色，返宿于殿西之鹤峰堂。

二十三日　由寺后侧径登山,越涧盘岭,宛转山半。隔峰复见一瀑,并挂瀑布之东,即马尾泉也。五里,攀一尖峰,绝顶为文殊台,孤峰拔起,四望无倚,顶有文殊塔。对崖削立万仞,瀑布轰轰下坠,与台仅隔一涧。自巅至底,一目殆无不尽。不登此台,不悉此瀑之胜。下台,循山冈西北溯溪,即瀑布上流也。一径忽入,山回谷抱,则黄岩寺据双剑峰下。越涧再上,得黄石岩。岩石飞突,平覆如砥⑯,岩侧茅阁方丈,幽雅出尘。阁外修竹数竿,拂群峰而上,与山花霜叶,映配峰际。鄱湖一点,正当窗牖⑰。纵步溪石间,观断崖夹壁之胜。仍饭开先,遂别去。

【注释】

① 鄱(pó)湖:即鄱阳湖。② 湖口:县名,在鄱阳湖和长江相接处,属九江府,即今江西湖口。③ 铮铮:比喻刚正不阿。④ 昂霄逼汉:霄是云霄,汉指天河,"霄汉"连用指高空。⑤ 刹(chà):梵语"刹多罗"的省音译,原为佛塔顶部的装饰,亦称相轮,后来通称佛寺为刹。⑥ 郁葱:郁郁葱葱,形容草木茂盛。⑦ 毓:生成。黛:青黑色。⑧ 鹊起:这里是崛起的意思。⑨ 翕(xī):敛缩。⑩ 楞(léng)伽:佛经中有《楞伽经》,这座寺院以"楞伽"为名。⑪ 夭矫:屈曲有气势的样子。⑫ 迸(bèng):喷射。戛(jiá):击。⑬ 白鹿洞:唐代江州刺史李渤曾在此读书,随身养一白鹿,所以叫白鹿洞。⑭ 崭(zhǎn)崭:突出貌。⑮ 铿(kēng)然:形容声音响亮有力。⑯ 砥(dǐ):磨刀石。⑰ 牖(yǒu):窗户。

【翻译】

戊午年,我同族兄雷门、白夫,在八月十八日到达九江。换乘小船,沿着长江向南驶进龙开河。船走了二十里,停泊在李裁缝堰。上岸,走了五里,经过西林寺,到达东林寺。寺处在庐山的北面,南面对着庐山,北部靠着东林山。东林山不太高,是庐山的外围,山中有条大溪水,从东往西流,驿路横跨过去,是九江到建昌的通道。寺前临溪水,进入寺门就是虎溪桥,寺的规模很大,正殿已烧成平地,右边是三笑堂。

十九日 出了东林寺,沿着山麓向西南走去,走了五里,过了广济桥,就离开大路,沿着溪水往东走。又走了二里,溪水曲折山势聚合,雾色霏霏好像下雨一般。有个人站在溪口,问他,得知从这里往东上去是通往天池的大道,向南转登上石门,是通天池寺的小路。我熟知石门的奇异,可道路险恶很难上去,于是请求这个人做向导,和两位族兄相约让他俩直接到天池寺等待。于是向南渡过两条小溪,经过报国寺,从绿树香雾里,攀登了五里,抬头看见浓雾中屹立着两块岩石,就是石门。一路上从石门的隙缝进去,又有两座石峰对立着。道路弯弯曲曲从石峰的空隙间通过,往下看只见断涧群峰,在铁船峰的旁边,都从涧底矗立直上,相距只有咫尺,争雄竞秀,层烟叠翠,映照四周;下面山水像喷雪像奔雷,腾空震荡,听到的看到的都使人惊喜若狂!石门内对着山峰靠着崖壁,都建有层楼高阙。有徽州人邹昌明、毕贯之新修建的精庐,僧人容成在里面焚香修行。从庵后的小路,再走出一重石门,都是在石崖之上，上攀下踩，石级走完了就拉着藤走，藤没有了就放木梯而上。像这样行了二里，到达狮子岩，岩下有个静室。越过山岭，道路比较平坦。再往上走一里光景，出现一条大道，就是从郡城往南来的路。沿着石级走上去，有个大殿已经在面前，因为有雾所以看不清，走近了，只见红色的柱子彩画的大梁，就是天池寺了。大概是烧毁后新建的。由右廊的旁边登上聚仙亭，亭前突出一座石崖，下面看不到底，叫做文殊台。出了寺，从大路往左登上披霞亭，亭的旁边有一条岔路往东走上山脊，走了三里路。从这里再往东走二里，就到大林寺。从这里转而往北再向西，叫白麓升仙台，往北再向东，叫佛手岩。升仙台的三面峭壁直立，四周有很多高大的松树，高皇帝御撰的周颠仙庙碑就在台的顶端，有石亭覆盖着，制作非常古雅。佛手岩中空四垂高高地竖立着，有五六丈深。岩顶端的石头叉开伸出，所以称做"佛手"。沿着岩旁的佛寺往右走去，有两层崖石突出深坞之上，上层平坦，下层狭窄，就是访仙台遗址。台后的岩石上书有"竹林寺"三个字。竹林寺在庐山只是个虚幻的地方，可远望不可靠近，台前在刮风下雨的时候，常常可以听到钟声和念经声，所以称这里为"竹林寺"。这时正好云雾迷漫，即使坞中景色已像海上三山一样，何况这个竹林寺？从台前回来走出佛手岩，沿着大路往东走到大林寺。大林寺四周山峰环绕，前面围着一条溪水。溪上的树大到要有三个人围才能抱住，不是桧也不是杉，枝头上结着累累的果子，传说是株宝树，来自西域，原先有两株，被风雨拔掉了一株。

二十日 清晨雾气都已消散。出了天池寺，到文殊台。四面的崖壁高达万仞。低下头看铁船峰,正像仙人的飞鞋。峰北面的许多山,伏在底下好似聚到一起的蚂蚁。匡湖洋洋地在山脚下,长江横带过去,直到天边。于是再去石门一游,走了三里,越过昨天所经历的险境,到达时容成正手拿佛经出来迎接,看到我来极为高兴,引导我遍游诸峰。向上走到神龙宫右边,转而往下,进入神龙宫,只见涧水奔流和雷鸣一般,松竹荫映,是山峡里幽静的处所。沿着旧路抵达天池寺下,从歧路往东南走了十里,在层峰幽涧中登上走下,所有的路旁都有竹子,有松树,到了金竹坪,许多山峰遮护着,幽静胜过天池,只是开阔不如。又往南走了三里,登上莲花峰侧,雾气又盛起来。这座峰为天池的案山,从金竹坪来说就成为左翼。峰顶上山石嶙峋,在雾气的空隙里好像不断地做出窥人的姿态,因为雾大不能攀登上去。越过岭往东走了二里,到达仰天坪,就想游遍汉阳峰的胜景。汉阳峰是庐山最高顶,这个坪上和尚所住的庐舍则是山里地势最高的一个。仰天坪的北面,水都向北流进九江府,坪的南面,水都向南流进南康府。我认为仰天坪离汉阳峰该不远,和尚说中间隔着桃花峰,还有十里远。出了寺,雾渐渐散去,从山坞中往西南走,沿着桃花峰向东转,过了晒谷石,越过岭南下,又往上走,就到汉阳峰了。到达前遇见一个和尚,说峰顶没有可以借宿的地方,应该去慧灯的僧舍,并指了路。离峰顶还有二里路,落日照遍山峰,就照和尚所说的,往东越过岭转向西南,就来到了汉阳峰南面。有一条小路沿山前进,一重重山峰极为幽静,不再像在人世间。走了一里光景,在茂盛的竹丛中看到一个宪,有个和尚短发披额,身穿破衲赤着脚,就是慧灯,正在挑水磨豆腐。竹林里足有三四个和尚,衣履整齐地揖让客人,都是仰慕慧灯从远方来的。又有个赤脚短发的和尚从山崖下来,问他,说是云南鸡足山的和尚。慧灯有个徒弟,在山的深处盖有茅屋,这个和尚攀越悬崖去探访,刚回来。我立即拉着一个和尚做向导,攀登了半里路,到达那里。石壁峭削,要悬挂梯子才能登上,有一座茅屋像慧灯的龛那样。住在这里的和尚本是山下的百姓,也是因为仰慕慧灯而住在这里。到达这里向上仰看汉阳峰,向下俯看绝壁,和尘世已离得很远了。这时暮色已合,回来住在慧灯的龛里。慧灯煮豆腐招待,先前指路的和尚也来到。慧灯半个月吃一次豆腐,必定亲自磨制,还一定要让徒弟们都吃到,徒弟也自己会前来,这个来的和尚是其中的一位。

二十一日　告别慧灯,从龛后的小路直接攀登汉阳峰。攀着茅草拉着荆棘,走了二里,到达峰顶。向南往下看鄱阳湖,一片浩荡水天相接,向东遥望湖口,向西远盼建昌,一座座山峰,统统低下头不敢相抗;只有北面的桃花峰,还挺拔着和汉阳峰并肩齐高,但要讲直通青天的话,还要算这个汉阳峰。下山走了二里,沿着旧路,走向五老峰。汉阳峰、五老峰,都是庐山南面的山,好像两只角相对,而界于两峰之间的犁头尖,则要比两峰远一些,所以两峰之间看起来很近;走起来仍旧必须先到金竹坪,绕过犁头尖后,从左侧出来,再往北转才可到达五老峰,从汉阳峰算起,将近有三十里。我开始时到达岭角,只看到五老峰顶很平坦,辨别不清五老峰的真面目。等到了峰顶,风高水断,寂静得没有人居住。于是走遍了五老峰,才知峰的北面，有一座山冈连接着，南面则像从山的最高处平剖下去，分列为五枝，凭空下坠有万仞之高，外面没有重冈叠嶂遮蔽着，视野特别宽阔。彼此相望，这五座山峰互相遮掩，一眼不能全部望见。只登上一峰则两旁看不到底，各个峰都争呈奇姿互不相让，真是极其雄旷的大好景色！仍然向下走了二里，到达岭角。向北行走在山坞中，有一里光景，进入方广寺，这是五老峰新建的寺院。名叫知觉的和尚十分熟悉三叠泉的胜景，说路极难走，催我赶快出发。往北走了一里，路就断了，渡过山涧。随着涧水东西方向前进，水响着往下流进乱石，两边都有山夹着，丛生的竹子长长的枝条，上下郁郁葱葱，常常抬头望见突出石块，点缀在竹丛中，越往里越好看。不久涧边的路也没有了，踩着涧中的乱石走去，圆的石块滑脚，尖的石块刺鞋。这样走了三里，来到了绿水潭；一潭深碧的水，急流倾泻在上面，流的喷涌雪浪，停的出现青黑色。再走了一里光景，来到大绿水潭；水势到这里将要下堕，比绿水潭大了一倍，流得也更急。潭前的峭壁乱竿，环抱紧逼，往下看不到底，只听到轰雷倒峡的声音，叫人心慌眼花，泉水不知从何处坠落下去。这时涧中的路也没了，就往西向山峰攀登。峰前有个石台崛起，四边看过去都是一层层岩壁，阴森森地逼近到身边，泉水被它遮蔽，无法见到，必须到对面的削壁之间，胜景才能全部收入眼底。于是沿着山冈，从北往东转，走了二里，走出对面的山崖往下看，这时一级、二级、三级的泉水，才依次全部看到。坞中有一个石壁，壁上有两个山洞像门一般，和尚指着说就是竹林寺门。过了一会，北风从湖口吹过来，顿时寒气袭人，皮肤上起了疙瘩，急忙返回旧路，来到绿水潭。仔细观察,上面有个洞通到底下,和尚引进洞中说:"这也是竹林寺的三门之一。"但这个洞本由岩石的缝隙夹成,洞内横通像个"十"字,南北透光,往西好像走不到底。出了洞逆着溪流走,到达方广寺,天已经昏黑。

二十二日　出了方广寺,往南渡过溪,到达犁头尖的南面。再往东下山走了十里,到达楞伽院的旁边。远看山的左边,有一条瀑布从空中飞坠,映照四周青紫的草木,屈曲滉动,也是一处壮观。再走了五里,经过栖贤寺,山势到了这里开始变得平缓。因为急着去看三峡涧,没有进去,走了一里光景,来到三峡涧。涧边岩石夹立形成峡谷,急流冲击过来,被峡谷束缚,回奔倒涌,轰鸣之声震动山谷。桥架在两边的崖石上,往下观看深峡之中,好似在喷射珠子敲打玉石。过了桥,从岔路向东走,越过岭前往白鹿洞。路都在五老峰的南面,山田高高下下,零零落落有许多百姓的住宅。横过坡地,仰望着排峰又走了三里路,直到峰下就到了白鹤观。再往东北走了三里路,到达白鹿洞,这也是五老峰前的一个山坞,环山带溪,乔松错落。出了洞,沿着大路走,是通往开先寺的路。大体上论庐山的形势,犁头尖是居于中而稍偏,栖贤寺实际上居中,五老峰突于左,下面就是白鹿洞,立在右边是鹤鸣峰,而开先寺正当峰前。于是往西沿着山走,横过白鹿洞、栖贤寺的大路,走了十五里,经过万松寺,翻过一个山岭走下来,一座山寺巍然向南,就是开先寺。从殿后登楼远眺瀑布,一线垂挂,还在五里以外,多半被山树遮住,水势倾泻之猛,还不如在楞伽道上所见,只有双剑峰突出在众峰之中,有芙蓉插天的姿态,至于香炉峰,不过是山头的圆土堆而已。从楼边向西下到山谷，山涧流动铿然有声，泻出峡石，就是瀑布的下流。瀑布到了这里，反而看不到了，峡中的水汇成了龙潭，清澈映照心目。在石上坐了很久，夜色罩笼四山，我才返回住在殿西的鹤峰堂。

二十三日　从寺后的小路登山，越过涧盘上岭，曲曲折折地从山腰走去。隔着山峰又看见一条瀑布，并排挂在原先见到的瀑布东面，就是马尾泉。走了五里，攀上一个尖峰，顶端就是文殊台，孤峰拔地而起，四下看去毫无凭依，顶上有座文殊塔。对面的山崖削立万仞，瀑布轰轰地往下坠落，和台只隔着一条山涧，因此从顶到底，一目了然。不登上这个台，就不能知道这个瀑布的壮美。下了台，沿着山冈向西北逆溪行走，就到达瀑布的上流。一条小路忽然出现，山势曲折山谷回抱，黄岩寺就在双剑峰之下。越过涧再往上走，到达黄石岩。岩石突出，平覆着像磨刀石似的，岩旁有个长宽一丈左右的茅阁，幽雅得不像尘世之间。阁外有几竿长竹子，高过了远望的群峰，与山花霜叶，映照峰际。鄱阳湖远望成了一小点，正对着窗户。在溪石之间随意漫步，观看断崖夹壁的佳胜。仍在开先寺吃饭，然后告别离去。

游嵩山日记（河南河南府登封县）①

嵩山，古称崇山，是所谓"五岳"的"中岳"，位于今河南省登封县北部，有三座高峰：东为太室山，中为峻极山，西为少室山。名胜古迹极多。

这是徐霞客在明天启三年(1623)三十八岁时游嵩山所写的日记。

余髫年蓄五岳志②，而玄岳出五岳上③，慕尤切。久拟历襄、郧④，扣太华⑤，由剑阁连云栈为峨眉先导⑥。而母老志移，不得不先事太和⑦，犹属有方之游⑧。第沿江溯流，旷日持久，不若陆行舟返，为时较速。乃陆行汝、邓间⑨，路与陕、汴略相当⑩，可以兼尽嵩、华，朝宗太岳⑪。遂以癸亥仲春朔⑫，决策从嵩岳道始。凡十九日，抵河南郑州之黄宗店⑬。由店右登石坡，看圣僧池，清泉一涵，停碧山半。山下深涧交叠,涸无滴水⑭。下坡行涧底,随香炉山曲折南行。山形三尖攒立如覆鼎⑮,众山环之,秀色娟娟媚人⑯。涧底乱石一壑,作紫玉色。两崖石壁宛转,色较缜润⑰,想清流汪注时,喷珠泄黛,当更何如也!十里,登石佛岭。又五里,入密县界⑱,望嵩山尚在六十里外。从岐路东南二十五里,过密县,抵天仙院。院祀天仙,黄帝之三女也⑲。白松在祠后中庭,相传三女蜕骨其下⑳。松大四人抱,一本三干,鼎耸霄汉,肤如凝脂,洁逾傅粉,蟠枝虬曲,绿鬣舞风,昂然玉立半空,洵奇观也。周以石栏,一轩临北㉑,轩中题咏绝盛。徘徊久之。下观滴水,涧至此忽下跌,一崖上覆,水滴沥其下。还密,仍抵西门。三十五里,入登封界,曰耿店,南向为石淙道,遂税驾焉㉒。

【注释】

① 河南河南府登封县:河南是指河南布政使司,即今河南省。河南府的府治在今河南洛阳。登封县是河南府的属县,即今河南登封。② 髫(tiáo)年:古时小孩下垂的头发叫髫,髫年就是童年。③ 玄岳:恒山叫玄岳,但恒山不可能"出五岳上",应是指中岳嵩山而言。④ 襄:襄阳府,府治在今湖北襄阳。郧:郧阳府,府治在今湖北郧县。⑤ 扪(mén):抚摸,这里是攀登的意思。太华:华山,详见本书《游太华山日记》。⑥ 剑阁:地名,在今四川剑阁县。峨眉:山名,在今四川峨眉山市境内。⑦ 太和:山名,即武当山,在今湖北西北部汉江南岸。⑧ 有方之游:《论语·里仁》说孔子讲过:"父母在,不远游,游必有方。"就是说出

游要有一定的方向,不能乱跑。这里所说"有方之游"就是借用孔子的话,说这么游山还不算违背圣人的教导。⑨ 汝:汝州,是明代相当于府的直隶州,治所在今河南临汝。邓:邓州,属南阳府,今河南邓县。⑩ 陕:陕州,属河南府,在今河南三门峡市西。汴:汴梁,旧时对开封府的别称,今河南开封。⑪ 朝宗:本来古代诸侯朝见天子叫"朝宗",这里借用为朝拜太山。太岳:即东岳泰山,在今山东泰安。⑫ 癸亥:天启三年(1623)。仲春:农历二月。朔:农历每个月的第一日叫"朔"。⑬ 河南郑州:河南府所属的郑州,今河南郑州。⑭ 涸(hé):枯竭。⑮ 攒(cuán):聚拢。⑯ 娟娟:美好。⑰ 缜(zhěn):细致。⑱ 密县:属开封府,今河南密县。⑲ 黄帝:本为神话传说中的上帝,后来说成是人间的五帝之首,以后又引为汉族的祖先。⑳ 蜕(tuì)骨:尸骨。这里是把尸骨埋葬的意思。㉑ 轩:有窗的长廊或小屋。㉒ 税(tuō)驾:休止,停宿。

二十日 从小径南行,二十五里,皆土冈乱垄。久之,得一溪,渡溪,南行冈脊中,下瞰则石淙在望矣。余入自大梁①,平衍广漠,古称"陆海"。地以得泉为难,泉以得石尤难。近嵩始睹蜿蜒众峰②,于是北流有景、须诸溪,南流有颍水,然皆盘伏土碛中③,独登封东南三十里为石淙,乃嵩山东谷之流,将下入于颍。一路陂陀屈曲,水皆行地中,至此忽逢怒石。石立崇冈山峡间,有当关扼险之势,水沁入胁下,从此水石融和,绮变万端。绕水之两崖,则为鹄立④,为雁行⑤;踞中央者,则为饮兕⑥,为卧虎。 低则屿⑦,高则台,愈高,则石之去水也愈远,乃又空其中而为窟为洞。 揆崖之隔以寻尺计⑧,竟水之过以数丈计,水行其中,石峙于上,为态为色,为肤为骨,备极妍丽⑨。 不意黄茅白苇中,顿令人一洗尘目也! 登陇,西行十里,为告成镇,古告成县地⑩。 测景台在其北⑪。 西北行二十五里,为岳庙⑫。 入东华门时,日已下舂⑬,余心艳卢岩,即从庙东北循山行,越陂陀数重,十里,转而入山,得卢岩寺。 寺外数武⑭,即有流铿然,下坠石峡中。 两旁峡色,氤氲成霞⑮。 溯流造寺后,峡底蠹崖,环如半规,上覆下削,飞泉堕空而下,舞绡曳练,霏微散满一谷,可当武彝之水帘⑯。 盖此中以得水为奇,而水复得石,石复能助水,不尼水,又能令水飞行,则比武彝为尤胜也。 徘徊其下,僧梵音以茶点饷。 急返岳庙,已昏黑。

【注释】

① 大梁:指当时的开封府祥符县,这里古称大梁,即今河南开封。② 蜿蜒(wān yán):曲折延伸。③ 碛(qì):浅水中的沙石。④ 鹄(hú)立:鹄就是天鹅,鹄立是指像天鹅一样伸着颈子站立着。⑤ 雁行(háng):像飞雁一样排着行列。⑥ 兕(sì):古代犀牛一类的兽名。⑦ 屿(yǔ):小岛。⑧ 寻:古代长度单位,一寻有八尺。⑨ 妍(yán)丽:美丽。⑩ 告成县:今登封告城。⑪ 测景台:相传周公观测日影的地方。⑫ 岳庙:嵩岳庙,亦称中岳庙。⑬ 下舂(chōng):日落的时候。⑭ 武:也就是"步",古代还以六尺为"步",半步即三尺为武。⑮ 氤氲(yīn yūn):气或光色的

混合动荡貌。⑯ 武彝：即武夷山，在今福建崇安西南。

二十一日　晨，谒岳帝。出殿，东向太室绝顶①。按嵩当天地之中，祀秩为五岳首，故称嵩高。与少室并峙②，下多洞窟，故又名太室。两室相望如双眉。然少室嶙峋③，而太室雄厉称尊，俨若负扆④。自翠微以上，连崖横亘，列者如屏，展者如旗，故更觉岩岩⑤。崇封始自上古，汉武以嵩呼之异⑥，特加祀邑，宋时逼近京畿⑦，典礼大备。至今绝顶，犹传铁梁桥、避暑寨之名，当盛之时，固可想见矣。太室东南一支，曰黄盖峰。峰下即岳庙，规制宏壮。庭中碑石矗立，皆宋、辽以来者。登岳正道，乃在万岁峰下，当太室正南。余昨趋卢岩时，先过东峰，道中见峰峦秀出，中裂如门，或指为金峰玉女沟，从此亦有路登顶，乃觅樵预期为导。今遂从此上。近秀出处，路渐折，避之，险绝不能径越也。北就土山，一缕仅容攀跻，约二十里，遂越东峰，已转出裂门之上，西度狭脊，望绝顶行。是日浓云如泼墨，余不为止。至是岚气愈沉⑧，稍开，则下瞰绝壁重崖，如列绡削玉⑨，合则如行大海中。五里，抵天门，上下皆石崖重叠，路多积雪。导者指峻绝处为大铁梁桥。折而西，又三里，绕峰南下，得登高岩。凡岩幽者多不畅，畅者又少回藏映带之致。此岩上倚层崖，下临绝壑，洞门重峦拥护，左右环倚台嶂。初入，有洞岈然⑩，洞壁斜透，穿行数武，崖忽中断五尺，莫可着趾。导者故老樵，狷捷如猿猴⑪，侧身跃过对崖，取木二枝，横架为阁道⑫。既度，则岩穹然上覆，中有乳泉、丹灶、石榻诸胜。从岩侧跻而上,更得一台,三面悬绝壑中。导者曰:"下可瞰登封,远及箕、颍⑬。"时浓雾四塞,都无所见。出岩,转北二里,得白鹤观址。址在山坪,去险就夷,孤松挺立有旷致。又北上三里,始跻绝顶,有真武庙三楹⑭,侧一井,甚莹⑮,曰御井,宋真宗避暑所浚也⑯。饭真武庙中。问下山道,导者曰:"正道从万岁峰抵麓二十里,若从西沟悬溜而下,可省其半,然路极险峻。"余色喜,谓嵩无奇,以无险耳。亟从之,遂策杖前。始犹依岩凌石,披丛条以降,既而从两石峡溜中直下,仰望夹崖逼天。先是峰顶雾滴如雨,至此渐开,景亦渐奇,然皆垂沟脱磴,无论不能行,且不能止。愈下,崖势愈壮,一峡穷,复转一峡,吾目不使旁瞬⑰,吾足不容求息也。如是十里,始出峡抵平地,得正道。过无极洞⑱,西越岭,趋草莽中,五里,得法皇寺⑲。寺有金莲花,为特产,他处所无。山雨忽来,遂借榻僧寮⑳。其东石峰夹峙,每月初生,正从峡中出,所称"嵩门待月"也㉑。计余所下之峡,即在其上,今坐对之,只觉云气出没,安知身自此中来也?

【注释】

① 太室:嵩山的东峰。② 少室:在太室山的西边。③ 嶙峋(lín xún):突兀瘦削。④ 负扆(yǐ):扆,画斧的屏风。天子见诸侯时,背依画斧的屏风南向而立,因称负扆。⑤ 岩岩:高峻。⑥ 汉武以嵩呼之异:汉武帝登上嵩山,据说吏卒们都听到山上发出"万岁"之声三次,因而后世高声祝颂皇帝"万岁"就叫"嵩呼",也叫"山呼"。⑦ 京畿(jī):

京城附近的地区。北宋时在京城开封附近设有京畿路。⑧ 岚(lán):山中的云雾。⑨ 绡(xiāo):生丝织成的薄绸。⑩ 谽(xiā)然:深貌。⑪ 狷(juàn):性急,用在这里是动作敏捷的意思。⑫ 阁道:就是栈道。事实上这里的"阁道"只是两根木头搭起的小木桥。⑬ 箕、颍:箕,箕山,在今河南登封东南。颍,颍水,即今颍河,是淮河最大支流,源出登封嵩山西南。相传尧时许由隐居在颍水之阳、箕山之下。⑭ 真武庙:真武本叫"玄武",是古代神话中北方的神,宋代因避讳改成"真武",又制造了个"真武帝君",这真武庙就是崇祀真武帝君的庙。楹:这里是计算房屋的单位,一列叫一楹。⑮ 莹(yíng):明亮。⑯ 宋真宗:北宋第三个皇帝。⑰ 瞬(shùn):看一眼。⑱ 无极洞:即今老君洞。⑲ 法皇寺:应为法王寺。⑳ 寮(liáo):小屋、房间。㉑ 嵩门待月:嵩山八景之一。

二十二日　出山东行五里,抵嵩阳宫废址。　惟三将军柏郁然如山①,汉所封也;大者围七人,中者五,小者三。　柏之北,有室三楹,祠二程先生②。　柏之西,有旧殿石柱一,大半没于土,上多宋人题名,可辨者为范阳祖无择、上谷寇武仲及苏才翁数人而已③。　柏之西南,雄碑杰然,四面刻蛟螭甚精④。　右则为唐碑,裴迥撰文⑤,徐浩八分书也⑥。　又东二里,过崇福宫故址,又名万寿宫,为宋宰相提点处⑦。　又东,为启母石⑧,大如数间屋,侧有一平石如砥。　又东八里,还饭岳庙,看宋、元碑。　西八里,入登封县。　西五里,从小径西北行。 又五里，入会善寺，"茶榜"在其西小轩内，元刻也。 后有一石碑，仆墙下，为唐贞元《戒坛记》⑨，汝州刺史陆长源撰文⑩，河南陆郢书。 又西为戒坛废址，石上刻镂极精工，俱断委草砾。 西南行五里，出大路，又十里，至郭店。 折而西南，为少林道。 五里，入寺，宿瑞光上人房⑪。

二十三日 云气俱尽。 入正殿，礼佛毕，登南寨。 南寨者，少室绝顶，高与太室等，而峰峦峭拔，负"九鼎莲花"之名。 俯环其后者为九乳峰，蜿蜒东接太室，其阴则少林寺在焉。 寺甚整丽，庭中新旧碑森列成行，俱完善，夹墀二松⑫，高伟而整，如有尺度。 少室横峙于前，仰不能见顶。 游者如面墙而立，辄谓少室以远胜。 余昨暮入寺，即问少室道，俱谓雪深道绝，必无往。 凡登山以晴朗为佳，余登太室，云气弥漫，或以为仙灵见拒，不知此山魁梧，正须止露半面，若少室工于掩映，虽微云岂宜点湴⑬。 今则霁甚，适逢其会，乌可阻也！ 乃从寺南渡涧登山，六七里，得二祖庵⑭。 山至此忽截然土尽而石，石崖下坠成坑。 坑半有泉，突石飞下，亦以"珠帘"名之。 余策杖独前，愈下愈不得路，久之乃达。 其岩雄拓不如卢岩，而深峭过之，岩下深潭泓碧，僵雪四积。 再上，至炼丹台，三面孤悬，斜倚翠壁，有亭曰"小有天"，探幽之屐⑮，从未有抵此者。 过此皆从石脊仰攀直跻。 两旁危崖万仞，石脊悬其间，殆无寸土，手与足代匮而后得升⑯。 凡七里，始跻大峰。 峰势宽衍，向之危石，又截然忽尽为土。 从草棘中莽莽南上，约五里，遂凌南寨顶，屏翳之土始尽⑰。 南寨实少室北顶，自少林言之为南寨云。 盖其顶中裂，横界南北，北顶若展屏，南顶列戟峙其前，相去仅寻丈，中为深崖，直下如剖。两崖夹中，坑底特起一峰，高出诸峰上，所谓摘星台也，为少室中央。绝顶与北崖离倚，彼此斩绝不可度，俯瞩其下，一丝相属。余解衣从之，登其上，则南顶之九峰，森立于前，北顶之半壁，横障于后，东西皆深坑，俯不见底，罡风乍至⑱，几假翰飞去⑲。从南寨东北转，下土山，忽见虎迹大如升。草莽中行五六里，得茅庵。击石炊所携米为粥，啜三四碗⑳，饥渴霍然去㉑。倩庵僧为引龙潭道。下一峰，峰脊渐窄，土石间出，棘蔓翳之，悬枝以行，忽石削万丈，势不可度，转而上跻，望峰势蜿蜒处趋下，而石削复如前。往复不啻数里㉒，乃迂过一坳，又五里而道出，则龙潭沟也。仰望前迷路处，危崖欹石俱在万仞峭壁上㉓，流泉喷薄其中，崖石之阴森崭巉者㉔，俱散成霞绮，峡夹涧转，两崖静室，如蜂房燕垒。凡五里，一龙潭沉涵凝碧，深不可规以丈。又经二龙潭，遂出峡，宿少林寺。

【注释】

① 三将军柏：如今只剩下大将军二将军两株。② 二程先生：北宋著名的大理学家程颐、程颢兄弟。③ 范阳：古代郡名，郡治在今北京西南。祖无择：北宋时文学家。上谷：古代郡名，郡治在今河北易县。④ 螭（chī）：传说中一种没有角的龙，唐以来把蛟螭等刻在石碑上作为装饰。⑤ 迥（jiǒng）。⑥ 徐浩：唐代大书法家。八分书：隶书中有波发的一种，东汉魏晋时流行，唐代仍有人用来书写碑刻。

⑦ 提点：宋代大官被免职之后，常给个"提点某某道教宫观"的名义，可享受一定的物质待遇，而不需办事。⑧ 启母石：启是神话传说中禹的儿子，为夏代先王，神话说启的母亲变成石头，石头裂开生出启来。这启母石就是她变成的石头，当然是后人附会。⑨ 贞元：唐德宗的年号。戒坛：佛教徒正式受戒的坛。⑩ 汝州刺史：汝州，州治在今河南临汝。刺史，唐代州的最高长官。⑪ 上人：对和尚的尊称。⑫ 墀（chí）：台阶。⑬ 虽微云岂宜点滓（zǐ）：滓是污秽，这句话是借用《世说新语·言语》里的一个典故，是说东晋末年的会稽王司马道子有天晚上赞叹月亮好，有人说最好还是要有点微云作为点缀，道子和他开玩笑，说他居心不净，想要滓秽天空。⑭ 二祖：佛教禅宗所谓的二世祖慧可。⑮ 屐（jī）：木底有齿的鞋子，古代游山的人常穿着它。⑯ 手与足代匮（kuì）：手和脚并用以互相补其不足。"匮"在这里是缺乏、不足的意思。⑰ 屏翳（yì）：这里是覆盖的意思。⑱ 罡（gāng）风：高空的烈风。⑲ 翰（hàn）：鸟羽。⑳ 啜（chuò）：喝。㉑ 霍然：突然，忽然。㉒ 啻（chì）：仅、止。㉓ 攲（qī）：倾斜。㉔ 巀（jié）：山高峻貌。

二十四日　从寺西北行，过甘露台，又过初祖庵①。北四里，上五乳峰，探初祖洞。洞深二丈，阔杀之，达摩九年面壁处也。洞门下临寺，面对少室，地无泉，故无栖者。下至初祖庵，庵中供达摩影石②，石高不及三尺，白质黑章，俨然胡僧立像③。中殿六祖手植柏④，大已三人围，碑言自广东置钵中携至者。夹墀二松亚少林，少林松柏俱修伟，不似岳庙偃仆盘曲，此松亦然。下至甘露台，土阜蠢起，上有藏经殿。下台历殿三重，碑碣散布，目不暇接。后为千佛殿，雄丽罕匹。出饭瑞光上人舍，策骑趋登封道，过轘辕岭⑤，宿大屯。

二十五日 西南行五十里，山冈忽断，即伊阙也⑥。伊水南来经其下，深可浮数石舟。伊阙连冈，东西横亘，水上编木桥之。渡而西，崖更危耸，一山皆劈为崖，满崖镌佛其上，大洞数十，高皆数十丈，大洞外峭崖直入山顶。顶俱刊小洞，洞俱刊佛其内，虽尺寸之肤，无不满者，望之不可数计。洞左，泉自山流下，汇为方池，余泻入伊川。山高不及百丈，而清流淙淙不绝，为此地所难。伊阙摩肩接毂⑦，为楚豫大道，西北历关陕，余由此取西岳道去。

【注释】

① 初祖：佛教禅宗的一世祖菩提达摩。② 达摩影石：相传达摩面壁九年之久，以至自己的形象印于石壁上。这当然都是传说附会。③ 胡僧："胡"是古人对西北少数民族及西方人的通称，达摩是印度人，所以称"胡僧"。④ 六祖：佛教禅宗的南宗大师慧能，从达摩排下来是六世祖。⑤ 轘(huán)辕岭：即轘辕山，在今河南偃师东南，接巩县、登封两县界。⑥ 伊阙：在今河南洛阳南，伊水流经其间，也叫龙门，龙门石窟就在这里。⑦ 摩肩接毂(gǔ)：毂是古代车轮中心的圆木，"摩肩接毂"是说人摩肩、车接毂，形容人和车子多得往来要碰撞。

【翻译】

　　我在童年就立志要遍游五岳,五岳中以玄岳最为有名,更值得去游。很久以前就打算经历襄阳、郧阳,攀登太华山,再通过剑阁的连云栈道作为游历峨眉山的先导。但母亲年老只好改变计划,不得不先准备去太和山,这还算是所谓的有方之游。只是沿着长江逆流而上,也花费很多日子,不如从陆路去坐船回来,比较迅速。就由陆路走汝州、邓州之间,路程和走陕州、汴梁差不多,可以同时游览嵩山、太华山,朝拜太岳。于是在癸亥仲春朔日,决定从嵩山一路开始。走了十九日,到达河南郑州的黄宗店。从店的右边登上石坡,观看圣僧池,是一池清泉,碧绿澄澈地坐落在半山腰。山下深涧重叠,干得见不到一滴水。下了石坡在涧底行走,随着香炉山曲折地向南走去。山的形状是三个山尖聚拢在一起,像倒立的鼎,外面许多山环绕着它,景色秀美喜人。涧底是一沟乱石,呈紫玉色。两边山崖石壁曲折,颜色比较细腻滋润,想清流大量注入之时,像喷珠,像泄黛,更当如何好看!走十里,登上石佛岭。再走了五里,进入密县县界,遥望嵩山还在六十里外。从一条岔路往东南走了二十五里,过了密县,到达天仙院。院里祭祀的天仙,是黄帝的三个女儿。有株白松在祠后的庭院里,相传这三个女儿的尸骨埋葬在下面。松很大,四人才能合抱,一个树身叉出三根支干,像鼎那样直伸到云霄,树皮像凝结的脂肪一样,洁白得赛过搽粉,枝条盘曲,绿色的松针迎风舞动,昂然玉立到半空之中,真可说是奇观。松用石栏围住,北面有一廊屋,里面的题咏极多。徘徊了好长时间,然后下来观看滴水,涧到这里忽然下落,一座石崖覆盖在上面,水在下面滴沥着。回密县,仍旧到西门。行了三十五里,进入登封县界,到达耿店。这里往南有路通往石淙,就停下来歇宿。

二十日　从小路往南走,走了二十五里,都是乱土冈。过了很久,才出现一条溪水,渡过溪水,往南走在山冈的背脊上,往下看石淙就在眼底了。我进入大梁后,地势平坦广阔,古时称作"陆海"。很难找到水泉,有了水泉也很难找到石头山。临近嵩山才看到曲折延伸的许多山峰,于是往北流的有景、须等溪,向南流的有颍水,但还都盘伏在土碛之中,唯独登封县东南三十里的石淙,是嵩山东谷的水流,往下将流入颍水。一路山坡起伏,水都在地上流过,到这里忽然碰上像在发怒的岩石,挺立在高冈山峡之间,真有挡关扼险的架势,水沁入岩石的胁下,从这里开始就水石相融,变化万端。环绕流水两边的山崖,有的好像天鹅傲立,有的好像大雁成行;在水中央的,有的好像饮水的犀牛,有的好像躺卧的老虎。低的成为屿,高的成为台,越高,岩石离水也就越远,还有的中间空着成为窟、成为洞。估计两崖相隔有七八尺,水过尽这一段有好几丈,水在崖里流过去,岩石峙立在水面上,无论姿态色彩,无论水肤石骨,都极其妍丽。真没想到在黄茅白苇之中,能顿时使人一洗满是尘俗的双目!登上陇,往西走了十里,到达告城镇,就是古代的告城县城。测景台在它的北面。往西北走了二十五里,到达岳庙。进入庙的东华门时,太阳已落下去,我一心要看卢岩,就从庙东北沿山走,越过几重山坡,走了十里,转身进入山里,到达卢岩寺。在寺外几步远的地方，就有流水铿然作响，往下坠入石峡里。两旁山峡岚裹云绕，色彩成霞。逆着溪流走到寺后，峡底有石崖耸立，环成半圆形，上面覆盖下面峭削，飞泉从空中堕下，如同挥舞银绡白练，迷濛的水花散满整个山谷，可以和武彝山的水帘相媲美。大体说来这里有了水才成其奇景，有了水又有石，有了石又能帮助水，不阻止水流，而使水飞行，这就比武彝山更为美妙。在下面徘徊了一会，叫梵音的和尚用茶点来招待。急忙返回岳庙，天色已经昏黑。

二十一日　清晨，拜谒岳帝。出了大殿，向东往太室山顶走去。按嵩山正当天地的中央，祭祀的规格居五岳之首，所以称为嵩高。它和少室山并立，山下面有很多洞窟，所以又叫做太室。这太室、少室相对好似双眉，但少室山突兀瘦削，太室山雄壮称尊，像天子背靠屏风而立。自翠微峰以上，山崖连接延绵，排列着像屏风，展开的像大旗，所以更觉得高峻。对嵩山尊崇早始于上古，汉武帝因为听到嵩山对他三呼"万岁"，特地增加祭秩并给予封邑；宋代因为靠近京畿，典礼更加完备。至今绝顶之上，还流传有铁梁桥、避暑寨等名称，当时的盛况，自可想象。太室山东南的一支，叫做黄盖峰。峰下就是岳庙，规模体制极为宏壮，庭中竖立着碑石，都是宋、辽以来的东西。攀登嵩山的正路，就在万岁峰下，太室山的正南面。我昨天前往卢岩的时候，先经过东峰，路上看到峰峦秀出，中间裂开像门一般，有人指着说就是金峰玉女沟，从这里也有路可以登上山顶，于是找了个樵夫约定时间做向导。现在就从这里上山，走近峰峦秀出的地方，路渐渐曲折，我避开它，因为太险无法直接越过去。向北走上土山，仅有一条很小的路可供攀登,大约走了二十里,就越过了东峰,已转出裂开的石门之上,往西走过狭窄的山脊,向最高顶前进。这天浓云好似泼墨,我没有因而止步。这时山里的云雾越来越浓,等稍微散开一些,往下看到绝壁重崖,好像轻纱蒙着刀削的玉石,云雾合起来时就好像在大海里行走。走了五里,到达天门,上下都是重叠的石崖,路上有很多积雪。向导指着最险峻之处说那就是大铁梁桥。转往向西,又走了三里,越过山峰南下,到达登高岩。大凡山岩深幽的地方多不通畅,通畅的又缺少回藏映带的趣味。这岩上靠着山崖,下临着深壑,洞门有重峦簇拥,左右有台嶂环绕。刚进入,有个洞看上去很深,洞壁斜穿,在里面走了几步,崖忽然从中断开有五尺宽,无法落脚。向导本是老樵夫,敏捷得像猿猴,侧身跃到对面的山崖,弄了两根木头,横架在断崖上搭成阁道。从阁道上度过去,看到登高岩中间隆起四面下垂,里面有乳泉、丹灶、石榻等胜迹。从岩旁走上去,又发现一个台,三面悬空下临深谷。向导说:"往下可以看到登封城,更远一处连箕山、颍水都能看到。"当时浓雾四塞,什么都看不见。出了岩,转往北走了二里,到达白鹤观遗址。遗址在山坪上,离险峻就平坦,孤松挺立看上去令人心旷神怡。再往北走上三里,才到达最高顶,有座三列房屋的真武庙,庙旁有口井,井水十分明亮,叫做御井,是宋真宗避暑时所开挖的。在真武庙中吃饭。询问下山的道路,向导说:"正路从万岁峰抵达山脚有二十里,如果从西沟悬空溜下来,可以省一半路,只是路十分险峻。"我满脸欢喜,心想嵩山没有奇景,是因为没有险峻之处。赶快听他的话,扶了手杖前进。开始还靠着山岩踩着石头,分开杂草往下去，不久就从两个石峡中直滑下去，抬头只见夹立的石崖直逼青天。原先峰顶的雾浓得好像在下雨，到了这里渐渐散开，景色也渐渐奇异起来，然而都是直下山沟没有石级，不要说不能走，而且还不能停。越往下，崖势越雄壮，一个峡走完，又转到另一个峡，使我们无法向旁边看一眼，脚也无法休息。这样走了十里，才出了峡谷抵达到平地，上了正路。经过无极洞，向西越过山岭，在草丛里前进，走了五里，到达法皇寺。法皇寺里有金莲花，是这里的特产，其他地方没见过。山雨忽然来到，于是就在和尚的房间借宿。寺东面有石峰夹立，每当月亮初升的时候，正从峡中出来，这就是所谓"嵩门待月"。推测我所下的山峡，就在它上面，如今对面坐着看它，只看到云气出没，哪想到自己就是从这里走出来的呢？

二十二日　出了山往东走了五里，到达嵩阳宫废址。嵩阳宫里只有号称"三将军"的柏树茂盛得像山一样，是汉代所封的；大的要七个人才围得过来，中等的五个人，小的也要三个人，柏树的北边，有三列房屋，里面祭祀二程先生。在柏树的西边，有个旧殿的石柱，大部分已埋进土里，上面有很多宋朝人的题名，可以辨认的只有范阳祖无择、上谷寇武仲和苏才翁几个人。松柏的西南，有一块大而有气派的碑，四面雕刻蛟螭非常精致。右边是块唐碑，裴迥作文，徐浩八分体书写。又往东走了二里，经过崇福宫旧址，崇福宫又叫万寿宫，是宋朝宰相提点的地方。又往东，是启母石，有几间房屋大，旁边有一块平的石头好像磨刀石一般。再往东走了八里，回岳庙吃饭，观看宋、元碑。往西走了八里，进入登封县。再往西走五里，从小路往西北走,再走了五里,进入会善寺,有个题为"茶榜"在西面廊屋里,是元代的石刻。后面有一块石碑,仆倒在墙下,是唐贞元年间的《戒坛记》,是汝州刺史陆长源作文,河南人陆郢书写。再西面就是戒坛的废址,石基上的雕刻极为精工,都断坏堆积在草丛碎石里。往西南走五里,走上大路,再走十里,到达郭店。转向西南,就是通往少林寺的路。走了五里,进入少林寺,住宿在瑞光上人的房里。

二十三日 云气都散了。进入正殿,拜佛后,去登南寨。南寨,是少室的最高峰,高度与太室山相等,而且峰峦峭拔,有所谓"九鼎莲花"之称。低绕在它后面的是九乳峰,曲折延伸东接太室山,北面就是少林寺。少林寺极其整齐壮丽,庭中新旧碑刻像树林一样排列成行,都很完好,夹着殿阶有两株松树,高大雄伟而整齐,好像用尺量好了的。少室山横立在寺前,抬头向上看不到顶。游人如同对着墙壁站着,都说少室山要远看才行。我昨天傍晚进寺,就询问去少室山的道路,都说雪深路不通,千万不要去。大凡登山以天气晴朗为好,我登太室山时,云气弥漫,有人认为是仙灵表示拒绝,不知道正因为太室魁梧,正好只须露半面,至于少室山本工于掩映,即使微云也不宜来点污。如今晴朗得很,正是逢上好机会,怎能止步不前呢!于是从寺的南面渡涧登山,走了六七里,到达二祖庵。山到这里忽然不见土而尽成石,石崖下坠成坑,坑的半腰有泉,流过石头往下飞,也称之为"珠帘"。我拄着杖一个人往前走,越往下越找不到路,很久才到达。这岩雄壮开拓不如卢岩,但深峭却超过,岩下是澄碧的深潭,四处是僵冷的积雪。再往上,到达了炼丹台,台三面孤悬,一面斜靠着翠绿的山壁,有个亭子叫"小有天",游山探幽的人从没有到达这里。过这里都得从石脊上仰攀直爬,两旁悬崖万仞,石脊悬挂其间,几乎没有一寸土地,要手脚并用才能爬上去。走了七里,才登上大峰。峰势宽广,刚才尽是岩石,到这时又忽然成土。从荆棘草丛中往南上去,大约走了五里,就登上了南寨的顶巅,覆盖的土才不见。南寨实际上是少室的北顶,从少林寺来说,称它为南寨。峰顶中间断裂开来,横隔成南北两顶,北顶好像展开的屏风,南顶好像许多戟排列在它前面,南北距离只有一丈光景。中间成为深崖,直着下去如用刀剖开一样。两崖之间,在坑底又挺起一个峰,高出众峰之上,就是所谓摘星台,居少室山的中央。它的最高顶与北崖相近又分离,彼此路断无法通过,低头细看下边,只有一丝相连。我脱了衣服走上去,登上了北崖,就看到南顶的九峰,像树林一样排立在前面,北顶的半壁,横着拦在后面,从东到西都是深坑,往下看不能见底,罡风忽然吹来,使人几乎有生出翅膀往天空飞去的感觉。从南寨往东北转,下了土山,忽然见到像升那么大的老虎脚印。在草丛里走了五六里,找到一个茅庵,在这里击石取火把带的米煮粥,喝了三四碗,饥渴很快消失。请庵里的和尚引导去龙潭的路。走下了一个峰,峰脊渐渐狭窄,土石间杂,遮盖着荆棘蔓草,挂着树枝走,忽然岩石断削万丈,无法越过。转而向上攀登,看着峰势曲折延伸的地方往下走,可岩石断削又像先前一样。进进退退不止好几里,才迂回过一个山凹,再走五里道路出现,就是龙潭沟了。抬头看先前迷路的地方,只见危崖斜石都在万仞峭壁之上,流泉喷洒其中,喷到崖石的阴森险绝之处,都飞散成霞绮,山峡对夹山洞回转,两边崖上的静室,好像峰房燕垒一样。共走了五里,见到一龙潭水深呈碧色,深得不能用丈尺来计量。又经过二龙潭,就出了峡,住宿在少林寺。

二十四日 从少林寺的西北方向前进,经过甘露台,又经过初祖庵。往北走了四里,登上五乳峰,入探初祖洞。洞深二丈,宽度稍为小一些,是达摩面壁九年的地方。洞门下临少林寺,面对少室山,没有泉水,所以没有人住。下山回到初祖庵,庵中供着达摩影石,石高不满三尺,白色有黑花纹,很像个胡僧的立像。中殿前有六祖亲手种植的柏树,大得已经要三个人才围得拢,有石碑说是六祖从广东放置在钵盂里带到这里来种植的。夹着殿阶的两棵松树比少林寺的略小一些。少林寺的松柏都十分高大,不像岳庙里的那么偃仆盘曲,这两株松树也和少林寺的差不多。下来到达甘露台,是个隆起的土山,上面有藏经殿。下了台经过三重殿,碑碣散布,看都看不过来。后面是千佛殿,雄丽无比。出来在瑞光上人的房里用饭,然后骑上马朝去登封的路上前进,过了轘辕岭,住宿在大屯。

二十五日 往西南走了五十里,山冈忽然中断,就是伊阙。伊水从南边来从它下面流过,深得可以浮起数石的舟船。伊阙的山冈相连,东西横亘,水上编木作为桥梁。过桥到西岸,山崖更加险峻高耸。整座山都劈开成为悬崖,满崖雕刻着佛像。大洞有几十个,都有几十丈高。大洞外的峭崖直入山顶,山顶都开着小洞,洞内都雕刻着佛像,即尺寸之地,无不刻得满满的,一眼看过去无法数清。洞的左边,有泉水从山上流下来,汇合起来成为方池,溢出来的就泻进伊水。山高不到一百丈,可清流淙淙不绝,是这里所不易见到的。伊阙车来人往十分热闹,是湖北、河南的交通大道,往西北可到潼关进陕西,我就从这条大道去西岳。

游太华山日记(陕西西安府华阴县)①

太华山即华山,因它的西边有少华山,所以称为太华山。在今陕西省华阴县,北临渭河平原,属于秦岭东段,是我国古代所谓"五岳"中的西岳,以雄奇峻峭著称,很早就成为游览胜地。

这是徐霞客在明天启三年(1623)三十八岁游太华山时写的日记。

二月晦②入潼关③,三十五里,乃税驾西岳庙④。黄河从朔漠南下⑤,至潼关,折而东。 关正当河山隘口,北瞰河流,南连华岳,惟此一线为东西大道,以百雉锁之⑥。 舍此而北,必渡黄河,南必趋武关⑦,而华岳以南,峭壁层崖,无可度者。 未入关,百里外即见太华屼出云表,及入关,反为冈陇所蔽。 行二十里,忽仰见芙蓉片片⑧,已直造其下。 不特三峰秀绝⑨,而东西拥攒诸峰,俱片削层悬,惟北面时有土冈,至此尽脱山骨,竞发为极胜处。

三月初一日　入谒西岳神，登万寿阁。向岳南趋十五里，入云台观。觅导于十方庵。由峪口入⑩，两崖壁立，一溪中出，玉泉院当其左。循溪随峪行，十里，为莎萝宫，路始峻。又十里，为青柯坪，路少坦。五里，过寥阳桥，路遂绝。攀锁上千尺幢⑪，再上百尺峡，从崖左转，上老君犁沟⑫，过猢狲岭，去青柯五里，有峰北悬深崖中，三面绝壁，则白云峰也。舍之南，上苍龙岭，过日月岩，去犁沟又五里，始上三峰足。望东峰侧而上，谒玉女祠，入迎阳洞。道士李姓者留余宿。乃以余晷上东峰⑬，昏返洞。

初二日　从南峰北麓上峰顶，悬南崖而下，观避静处。复上直跻峰绝顶，上有小孔，道士指为仰天池，旁有黑龙潭。从西下，复上西峰，峰上石耸起，有石片覆其上，如荷叶，旁有玉井甚深，以阁掩其上，不知何故。还饭于迎阳，上东峰，悬南崖而下，一小台峙绝壑中，是为棋盘台。既上，别道士，从旧径下，观白云峰，圣母殿在焉。下至莎萝坪，暮色逼人，急出谷，黑行三里，宿十方庵。出青柯坪左上，有杯渡庵⑭；毛女洞，出莎萝坪右上，有上方峰，皆华之支峰也，路俱峭削，以日暮不及登。

初三日　行十五里，入岳庙。西五里，出华阴西门，从小径西南二十里，入泓峪，即华山之西第三峪也。两崖参天而起，夹立甚隘，水奔流其间。循涧南行，倏而东折⑮，倏而西转，盖山壁片削，俱犬牙错入⑯，行从牙罅中，宛转如江行调舱然。二十里，宿于木杯。自岳庙来四十五里矣。

【注释】

① 陕西西安府华（huà）阴县：陕西是指陕西布政使司，即今陕西省。西安府的府治西安，即今陕西西安。西安府下辖华州，华州辖华阴县，即今陕西华阴。② 二月：指明天启三年（1623）二月。③ 潼关：关名，在今陕西潼关县北。④ 税驾：驾指马车，税有脱的意思，税驾即指休息。⑤ 朔漠：北方沙漠地区。⑥ 百雉（zhì）：雉为古代计算城墙的单位，每一雉长三丈，高一丈。此处代指长而高大的城墙。⑦ 武关：在今陕西丹凤西南。⑧ 芙蓉：这里是莲花（荷花）的别称。⑨ 三峰：指华山的东峰、西峰和南峰。⑩ 峪（yù）口：即华山峪的出山处。华山峪是华山中的一条小峪，源头可上溯到西峰附近，汇集峪内溪流泉水，出山后，在华阴北边流入渭水。⑪ 幢（chuáng）。⑫ 老君犁沟：老君，老子，战国时道家，后来成为道教尊奉的始祖。相传老子修道时，见人们开山凿道不易，便驱赶他乘坐的牛一夜犁成道路，因此得名。⑬ 晷（guǐ）：原意为日影。因古人测日影来定时刻，又引申为时间。⑭ 柸（pēi）。⑮ 倏（shū）：忽然。⑯ 犬牙错入：通称为"犬牙交错"，指像狗牙一样，上下牙互相插到空隙里，和人牙上下一个个相碰不同。

初四日　行十里，山峪既穷，遂上泓岭。十里，蹑其巅，北望太华，兀立天表，东瞻一峰，嵯峨特异①，土人云赛华山，始悟西南三十里有少华②，即此山矣。南下十里，有溪从东南注西北，是为华阳川。溯川东行十里，南登秦岭，为华阴、洛南界③。上下共五里。又十里，为黄螺铺。循溪东南下，三十里，抵杨氏城。

初五日　行二十里，出石门④，山始开。又七里，折而东南，入隔凡峪。西南二十里，即洛南县峪。东南三里，越岭，行峪中。十里，出山，则洛水自西而东，即河南所渡之上流也。渡洛复上岭，曰田家原。五里，下峪中，有水自南来入洛。溯之入，十五里，为景村。山复开，始见稻畦⑤。过此仍溯流入南峪，南行五里，至草树沟。山空日暮，借宿山家。自岳庙至木柸，俱西南行，过华阳川则东南矣。华阳而南，溪渐大，山渐开，然对面之峰峥峥也。下秦岭⑥，至杨氏城，两崖忽开忽合，一时互见，又不比木柸峪中两崖壁立，有回曲无开合也。

初六日　越岭两重，凡二十五里，饭坞底岔。其西行道，即向洛南者。又东南十里，入商州界⑦，去洛南七十余里矣。又二十五里，上仓龙岭。蜿蜒行岭上，两溪屈曲夹之。五里，下岭，两溪适合。随溪行老君峪中，十里，暮雨忽至，投宿于峪口。

初七日　行五里，出峪。大溪自西注于东。循之行十里，龙驹寨。寨东去武关九十里，西向商州，即陕省间道⑧，马骡商货，不让潼关道中。溪下板船可胜五石舟。水自商州西至此，经武关之南，历胡村，至小江口入汉者也。遂趋觅舟，甫定，雨大注，终日不休，舟不行。

初八日　舟子以贩盐故，夕乃行，雨后，怒溪如奔马，两山夹之，曲折萦回，轰雷入地之险，与建溪无异⑨。已而雨复至，午抵影石滩，雨大作，遂泊于小影石滩。

初九日 行四十里，过龙关。五十里，北一溪来注，则武关之流也，其地北去武关四十里，盖商州南境矣。时浮云已尽，丽日乘空，山岚重叠竞秀，怒流送舟，两岸浓桃艳李，泛光欲舞；出坐船头，不觉欲仙也！又八十里，日才下午，榜人以所带盐化迁柴竹⑩，屡止不进。夜宿于山涯之下。

初十日 五十里，下莲滩，大浪扑入舟中，倾囊倒箧⑪，无不沾濡⑫。二十里，过百姓滩，有峰突立溪右，崖为水所摧，岌岌欲堕⑬。出蜀西楼，山峡少开，已入南阳、淅川境⑭，为秦、豫界。三十里，过胡村，四十里，抵石庙湾，登涯投店。东南去均州⑮，上太和，盖一百三十里云。

【注释】

① 嵯（cuó）峨：高峻貌。② 少华：少华山，在华县城东南五公里处，比太华山低小。③ 洛南：县名，今陕西洛南。④ 石门：今名同，在陕西洛南北境。⑤ 畦（qí）：一条条一块块的田。⑥ 秦岭：是横贯我国中部、东西走向的古老褶皱断层山脉，渭河、淮河和汉江、嘉陵江水系的分水岭，我国地理上的南北分界线。它西起甘肃、青海两省边境，东到河南中部。本文中的秦岭指的是陕西境内的一段。⑦ 商州：州名。治所在上洛，即今陕西商县。⑧ 间（jiàn）道：小路捷径。⑨ 建溪：在今福建北部，是闽江的北源，多险滩。⑩ 榜：即棹，摇船的工具。榜人：摇船的人。⑪ 箧（qiè）：小箱子。⑫ 濡（rú）：水湿。⑬ 岌（jí）岌：山高峻危

险的样子。⑭南阳淅(xī)川：南阳是南阳府，府治南阳，即今河南南阳。淅川是南阳府的属县，在今河南淅川西南境内。⑮均州：属襄阳府，在今湖北均县西北。

【翻译】

二月晦，进潼关，走了三十五里，在西岳庙住下。黄河从北方沙漠地带向南流，至潼关，转而向东。潼关正位于河山相接紧要之处，北望黄河。南连华岳，只有这一条是沟通东西的大路，建起高大的城墙封锁住关口。不走这里往北走，必须横渡黄河，往南则一定要取道武关，而华岳以南，尽是峭壁层崖，很难通过。还没有进潼关，在百里以外就看到太华山高耸云端，等进了关，反而被土冈丘垄遮蔽看不见。走了二十里，猛抬头才看见像芙蓉般一片片的山峰，原来已到达太华山下。不仅三峰极端秀丽，而且东西两侧众峰拥立，都像一片片削着、一层层挂着，只有北面常有些土冈，到这里已完全脱露出山骨，竞相呈现成为绝妙佳境。

三月初一日　进正殿拜谒西岳神，登上万寿阁。再从山南走了十五里，来到云台观。在十方庵寻找了向导。由峪口入山，两边山崖直立，一条溪水从中间流出，五泉院在它左边。沿溪随峪往前走，走了十里，到莎萝宫，路就险起来。再走十里，到青柯坪，路平坦了一些。再走五里，过寥阳桥，路就断了。攀着铁索爬上千尺㠉，再走上百尺峡，从山崖向左转，登上老君犁沟，过了猢狲岭。距离青柯坪有五里，有一峰向北悬在深崖中，三面峭壁，就是白云峰。离开这里往南，登上苍龙岭，走过日月岩，距离犁沟又有五里,就来到三峰脚下。遥望东峰从它的侧面上去,进谒玉女祠,到迎阳洞。姓李的道士留我住宿,就趁着天色未晚登上东峰,傍晚返回迎阳洞。

初二日 从南峰北麓登上峰顶,顺南边山崖下来,观看了僻静处。又回头攀上南峰最高顶,顶上有一个小石凹,道士指着说是仰天池。近旁有个黑龙潭。从西边下去,再登上西峰,峰上巨石耸立,有石片覆盖在上面,形状就像荷叶,旁边有个玉井十分深,有一亭阁盖在上边,不知为什么。回到迎阳洞吃罢饭,登上东峰,从南崖下来,有个小石台立在深壑里,就是棋盘台,登上后,告别道士,从旧路下去,顺路看了白云峰,圣母殿就在这里。下到莎萝坪,已暮色逼人,急忙出谷,摸黑走了三里,歇宿在十方庵。从青柯坪往左上去,有杻渡庵、毛女洞。从莎萝坪往右上去,有上方峰,都是华山的支峰,路都很陡峭,因天色已晚没有去。

初三日 走了十五里,进入岳庙。往西走了五里,出华阴县城西门,从小路往西南走二十里,进入泓峪,就是华山西边的第三峪。两边山崖直向青天,把峪夹得很狭,涧水在其间奔流。沿涧往南走,忽而东转,忽而西折。这是因为山崖一片片如削成一般,犬牙交错,要从牙缝里行走,曲曲折折好似船行江上要不断调转方向一样。走了二十里,在木柸住宿。从岳庙来到这里已有四十五里了。

初四日 走了十里,走完了山峪,就登上泓岭。走了十里,登上最高顶,北望太华山,兀立在天外,东望看到一个山峰,特别高峻,当地人叫它赛华山,才领悟到西南三十里有少华山,就是这座山了。往南走下十里,有溪水从东南流向西北，就是华阳川。逆着川向东走十里，从南面登上秦岭，这是华阴和洛南两县的分界。一上一下共走了五里。又走了十里，是黄螺铺。沿着溪往东南走下来，走了三十里，到达杨氏城。

初五日 走了二十里，走出石门，山才往两边分开。又走了七里，转向东南，进入隔凡峪。再往西南走二十里，是洛南县峪。再往东南走三里，翻过岭，从峪里走，走了十里，走出山，洛水由西向东流，就是在河南渡过的那条河的上流。渡过洛水再上岭，叫田家原。走了五里，下到峪中，有条水从南边流过来注入洛水。逆水而上，走了十五里，是景村。山又分开，开始看到一块块的稻田。过了这里依旧逆水进入南峪，往南走五里，到达草树沟。在空山里天也晚了。就到山野人家借宿。从岳庙到木柸，都是向西南走，过了华阳川就转向东南了。从华阳往南，溪流渐渐大起来，山也渐渐分开，但是对面的山峰仍然很峻峭。下了秦岭，到杨氏城，两壁山崖忽开忽合，时刻变化，又不比木柸峪里两崖壁立，有回曲而无开合。

初六日 翻过两重岭，共走了二十五里，在坞底岔吃饭。从这里向西的路，是通往洛南的。再往东南走十里，进入商州地界，离开洛南已有七十多里了。再走了二十五里，登上苍龙岭。曲折地在岭上走着，两条溪水也左右曲折相夹着。走了五里，下岭，这两条溪水正好也汇合。随着溪水在老君峪里走，走了十里，骤然下起暮雨来，就在峪口投宿。

初七日 走五里，出了峪。一条大溪自西向东流。沿着溪走了十里，到龙驹寨。从寨往东到武关有九十里，往西通向商州,是陕西省里的小道,往来马骡商货之多,不亚于潼关道上。溪下的板船可以载重五石。溪水从商州西边流到这里,经武关南面,流过胡村,到小江口注入汉水。于是尽快去找船,刚安定,大雨骤然而至,整整一天没有停息,船也不得开行。

初八日 船夫要贩盐,停了好久才开船。大雨过后,溪水急如奔马,在两山束缚之中,曲折萦回,那轰雷入地般的惊险,与建溪没有两样。一会儿又下起雨来,中午到达影石滩,大雨倾盆而下,于是停泊在小影石滩。

初九日 船走了四十里,过龙关。再走五十里,北面有条溪水流进来,是来自武关的溪流。这里往北距离武关有四十里,已到商州的南境了。当时浮云已散尽,太阳当空,山岚重叠竞秀,急流送舟。两岸桃李花开,光泽浓艳;我出来坐在船头,不觉有飘飘欲仙之感!再走了八十里,才是下午,因船夫要将所带的盐交换柴竹,屡屡停船不前。夜晚停宿在山崖下的岸边。

初十日 船走了五十里,下了莲滩,大浪直扑船上,倾囊倒箧,没有不被沾湿的。走了二十里,过百姓滩,有个峰凸立在溪水右侧,崖壁被水流破坏,很危险地好像要堕落。出了蜀西楼,山峡稍微开阔,不多时进入南阳、淅川地境,是陕西、河南的分界。走了三十里,过胡村,走了四十里,到达石庙湾,登岸到客店投宿。往东南方向去均州,上太和山,有一百三十里光景。

游五台山日记（山西太原府五台县）①

五台山位于今山西省东北部，是东北到西南走向的山脉，因它有五个高峰，峰顶平坦宽阔如台，所以叫五台山。佛教徒把它附会为文殊菩萨的道场，和附会为观世音菩萨道场的浙江普陀山、地藏菩萨道场的安徽九华山、普贤菩萨道场的四川峨眉山合称我国佛教四大名山。

这是徐霞客在明崇祯六年（1633）四十八岁时游五台山写的日记。

癸酉七月二十八日②出都③，为五台游。越八月初四日，抵阜平南关④。山自唐县来⑤，至唐河始密，至黄葵渐开，势不甚穹窿矣。从阜平西南过石梁，西北诸峰复嵱崾起⑥，循溪左北行八里，小溪自西来注。乃舍大溪，溯西溪北转，山峡渐束。又七里，饭于太子铺。北行十五里，溪声忽至。回顾右崖，石壁数十仞，中坳如削瓜直下。上亦有坳，乃瀑布所从溢者，今天旱无瀑，瀑痕犹在削坳间。离涧二三尺，泉从坳间细孔泛滥出，下遂成流。再上，逾鞍子岭。岭上四眺，北坞颇开，东北、西北，高峰对峙，俱如仙掌插天，惟直北一隙少杀，复有远山横其外，即龙泉关也，去此尚四十里。岭下有水从西南来，初随之北行，已而溪从东峡中去。复逾一小岭，则大溪从西北来，其势甚壮，亦从东南峡中去，当即与西南之溪合流出阜平北者。余初过阜平，舍大溪而西，以为西溪即龙泉之水也，不谓西溪乃出鞍子岭坳壁，逾岭而复与大溪之上流遇，大溪则出自龙泉者。溪有石梁曰万年，过之，溯流望西北高峰而趋。十里，逼峰下，为小山所掩，反不睹嶙峋之势。转北行，向所望东北高峰，瞻之愈出，趋之愈近，峭削之姿，遥遥逐人。二十里之间，劳于应接。是峰名五岩寨，又名吴王寨，有老僧庐其上。已而东北峰下，溪流溢出，与龙泉大溪会，土人构石梁于上，非龙关道所经。从桥左北行，八里，时遇崩崖矗立溪上。又二里，重城当隘口，为龙泉关⑦。

初五日　进南关，出东关，北行十里，路渐上，山渐奇，泉声渐微。既而石路陡绝，两崖巍峰峭壁，合沓攒奇⑧，山树与石竞丽错绮，不复知升陟之烦也。如是五里，崖逼处复设石关二重。又直上五里，登长城岭绝顶，回望远峰，极高者亦伏足下，两旁近峰拥护，惟南来一线有山隙，彻目百里。岭之上，巍楼雄峙，即龙泉上关也。关内古松一株，枝耸叶茂，干云俊物。关之西，即为山西五台县界。下岭甚平，不及所上十之一。十三里，为旧路岭，已在平地。有溪自西南来，至此随山向西北去，行亦从之。十里，五台水自西北来会，合流注滹沱河⑨。　乃循西北溪数里，为天池庄，北向坞中，二十里，过白头庵村，去南台止二十里，四顾山谷，犹不可得其仿佛。　又西北二里，路左为白云寺。　由其前南折，攀跻四里，折上三里，至千佛洞，乃登台间道。　又折而西行，三里始至。

初六日　风怒起，滴水皆冰；风止日出，如火珠涌吐翠叶中。　循山半西南行，四里。　逾岭，始望南台在前。　再上为灯寺，由此路渐峻。　十里，登南台绝顶，有文殊舍利塔⑩。　北面诸台环列，惟东南、西南少有隙地，正南，古南台在其下，远则盂县诸山屏峙⑪，而东与龙泉峥嵘接势。　从台右道而下，涂甚夷，可骑。　循西岭西北行十五里，为金阁岭。　又循山左西北下，五里，抵清凉石。　寺宇幽丽，高下如图画。　有石为芝形，纵横各九步，上可立四百人，面平而下锐，属于下石者无几。从西北历栈拾级而上⑫，十二里，抵马跑泉。　泉在路隅山窝间，石隙仅容半蹄，水从中溢出，窝亦平敞可寺，而马跑寺反在泉侧一里外。　又平下八里，宿于狮子窠。

初七日　西北行十里，度化度桥，一峰从中台下，两旁流泉淙淙，幽靓迥绝⑬。　复度其右涧之桥，循山西向而上，路欹甚。　又十里，登西台之顶，日映诸峰，一一献态呈奇。　其西面，近则闭魔岩，远则雁门关，历历可俯而挈也⑭。　闭魔岩在四十里外，山皆陡崖盘亘，层累而上，为此中奇处。　入叩佛龛，即从台北下，三里，为八功德水。　寺北面，左为维摩阁⑮。　阁下二石耸起，阁架于上，阁柱长短，随石参差，有竟不用柱者。　其中为万佛阁，佛具金碧旃檀⑯，罗列辉映，不啻万尊。　前有阁二重，俱三层，其周庐环阁亦三层，中架复道⑰，往来空中。当此万山艰阻，非神力不能运此。从寺东北行，五里，至大道，又十里，至中台，望东台、南台，俱在五六十里外，而南台外之龙泉，反若更近，惟西台、北台相与连属。时风清日丽，山开列如须眉，余先趋台之南，登龙翻石，其地乱石数万，涌起峰头，下临绝坞，中悬独耸，言是文殊放光摄影处⑱。从台北直下者四里，阴崖悬冰数百丈，曰万年冰。其坞中亦有结庐者。初寒无几，台间冰雪，种种而是。闻雪下于七月二十七日，正余出都时也。行四里，北上澡浴池。又北上十里，宿于北台。北台比诸台较峻，余乘日色周眺寺外。及入寺，日落而风大作。

初八日　老僧石堂送余，历指诸山曰："北台之下东台，西中台，中南台，北有坞曰台湾，此诸台环列之概也。其正东稍北，有浮青特锐者，恒山也。正西稍南，有连岚一抹者，雁门也。直南诸山，南台之外，惟龙泉为独雄。直北俯内外二边，诸山如蓓蕾，惟兹山之北护，峭削层叠，嵯峨之势，独露一班。此北台历览之概也。此去东台四十里，华岩岭在其中。若探北岳，不若竟由岭北下，可省四十里登降。"余颔之，别而东，直下者八里，平下者十二里，抵华岩岭。由北坞下十里，始夷。一涧自北，一涧自西，两涧合而群峰凑，深壑中"一壶天"也。循涧东北行，二十里，曰野子场。南自白头庵至此，数十里内生天花菜，出此则绝种矣。由此两崖屏列鼎峙，雄峭万状，如是者十里。石崖悬绝中，层阁杰起，则悬空寺也；石壁尤奇，此为北台外护山。不从此出，几不得台山神理云。

【注释】

① 山西太原府五台县：山西是指山西布政使司，即今山西省。太原府是山西布政使司的所在地。府治阳曲，即今山西太原。五台县是太原府的代州所属的县，即今山西五台县。② 癸酉：指明崇祯六年（1633）。③ 都：指明代京城北京，即今北京。④ 阜平：县名，隶属于真定府，即今河北阜平。⑤ 唐县：隶属于保定府，即今河北唐县。⑥ 嵱嵷（yǒng sǒng）：山峰众多连绵起伏的样子。⑦ 龙泉关：在今河北阜平西隅。⑧ 沓（tà）：繁多，重复。⑨ 滹（hū）沱河：在河北省西部，子牙河北源，源出山西五台山东北。⑩ 文殊舍利塔：佛教徒死后火葬，没有烧成灰的零星骨颗叫舍利。这是埋藏所谓文殊菩萨的舍利的塔，当然是附会不可相信。⑪ 盂县：隶属于太原府，即今山西盂县。⑫ 栈：栈道，山里用竹木搭成的通道。⑬ 靓（jìng）：这里作安静、优雅讲。⑭ 挈（qiè）：提。⑮ 维摩：据佛经说，维摩是释迦牟尼同时代的人，长于辩才。⑯ 旃（zhān）檀：即檀香。⑰ 复道：楼阁中上下相连的通道。⑱ 摄影：指留下形象，不是今天的照相。

【翻译】

癸酉七月二十八日　出了京城，去游五台山。到了八月初四日，到达阜平县的南关。山峦从唐县绵延过来，至唐河才显得密集，到了叫黄葵的地方又渐渐开阔，山势不十分高大了。从阜平的西南经过石梁，远望西北众峰又连绵而来。沿溪水左侧往北走了八里，有条小溪从西面流入。于是离开大溪,逆着西溪往北转,山峡渐渐紧束。再走了七里,在太子铺吃饭。往北走了十五里,忽然传来溪水声。回顾右边的山崖,是几十仞的石壁,中间凹下像切瓜直下似的。上面也有个凹,瀑布由此流溢出来,现在天旱没有瀑布,但是瀑布冲刷的痕迹仍在这山坳里。离开涧约二三尺,泉水从凹处的小孔里泛溢出来,注入山涧形成溪流。再往上,翻过鞍子岭。在岭上四面眺望,看到北面的山坞相当开阔,东北、西北,有高峰对峙着,如同仙人手掌插天一般,只有正北一块空隙山势稍觉低下,又有远山横枕在外面,就是龙泉关,距离这里还有四十里。岭下有水从西南流过来,起初随着流水往北走,之后溪水从东边峡谷中流去。又越过一座小岭,大溪从西北流过来,水势十分壮阔,也向东南峡谷中流去,大约就是与西南方面的溪水汇合而后从阜平北边流出的那条溪流。我初过阜平,离开大溪向西去,以为西溪便是龙泉水,没想到那西溪原是出自鞍子岭的凹壁,越过岭又和大溪的上游相遇,大溪才出自龙泉。溪上有石梁叫万年,过了石梁,逆流向西北的高峰走去。走了十里,逼近峰下,被小山掩蔽,反而看不到嶙峋的山势。转往北走,刚才所望见的东北高峰,越看越显,走得越近,峭削的姿态,越是遥遥逼人。二十里之间,应接不暇。这座峰名叫五岩寨,又叫吴王寨,有老和尚住在上面。一会儿到东北高峰的脚下,有溪流涌出,和龙泉大溪汇合,当地人在上面建有石桥,不是去龙关道路所要经过的。从桥左边往北走,走了八里,不时看见崩落的崖石矗立在大溪上。再走了二里,一重关城挡在山口,就是龙泉关。

初五日　进南关,出东关,往北走十里,路渐渐朝上走，山渐渐奇特，泉声渐渐微弱。过了一会儿石路变得十分陡，两崖高峰峭壁，重叠逞奇，山树山石绮丽交错，再不感到攀登的烦恼。这样走了五里，在山崖紧逼的地方又设有二重石关。再直上走了五里，登上长城岭最高顶，回头遥望远处的山峰，最高的也像伏在脚下，两旁近峰拥护，只有从南边伸来一条山隙，可以看到百里以外。岭上面，高楼雄峙，就是龙泉上关。关内有一株古松，枝高叶茂，是高耸到云霄的奇物。关的西面，就是山西五台县地界。下岭很平坦，艰难还不到上岭的十分之一。走了十三里，是旧路岭，已来到平地。有条溪水从西南流来，到这里跟着山向西北流去，我也跟着它前进。走了十里，五台水从西北流来相会，合流而注入滹沱河。沿着向西北流去的山溪走了几里，到天池庄，往北面的山坞中前进，走了二十里，过白头庵村，距南台只有二十里，环顾山谷，还不能看清个大概。再往西北走了二里，道路左侧是白云寺。从寺前往南转，攀登了四里，再转而往上走了三里，到达千佛洞，这是登五台山的小路。再转往西走，走了三里才到达。

初六日　狂风怒吼，滴水成冰；风止后太阳出来，像火珠在翠叶中涌吐。沿山腰往西南走，走了四里，翻过岭，才看到南台就在前面。再向上是灯寺，从这里起路逐渐险峻。走了十里光景，登上南台的最高顶，上面有文殊菩萨的舍利塔。北边众台环列，只有东南、西南两方稍有些空隙，正南方，古南台在它下面，远处是盂县的许多山，像屏风一般，往东和龙泉的山势相连接。从南台右边的路往下走，路很平缓，可以骑马。沿西边的岭往西北走了十五里，是金阁岭。又沿山的左边往西北方向走，走了五里，到达清凉石。寺宇幽静庄丽，高高低低如同图画一般。有块大石呈灵芝形状，纵横各九步，上边可以站立四百人，面平而下尖，很小一点地方连接到下边的石山。从西北经过栈道踏着石级往上走，走了十二里，到达马跑泉。泉在路边山窝里，石缝仅能容纳半个蹄，水从其中冒出，山窝也平坦宽敞可以建造寺院，可马跑寺反倒建在泉旁的一里以外。又平缓地往下走了八里，在名叫狮子窠的地方歇宿。

初七日　往西北走了十里，过化度桥。有个山峰从中台绵延而下，两旁流泉淙淙，幽静到了极点。又过了它右边涧上的桥，沿山向西上去，道路十分倾斜不平。再走了十里，登上西台的顶点，阳光映照众峰，一一呈现出奇姿妙态。它的西面，近处是闭魔岩，远处是雁门关，历历在目仿佛可以俯下身去拾取。闭魔岩在四十里外，山都是陡崖盘错，一层层迭上去，是这里的奇景。进佛龛叩拜，随即从台北面下去，走了三里，是八功德水。寺的北面，左边是维摩阁。阁下有二块石头耸立着，阁便架在上面，阁的柱子的长短，随着石头的高低而定，有的地方竟然用不着安柱子。它的中间是万佛阁。佛像全是檀香木施加金彩，罗列辉映，不止一万尊。前面有阁二重，都是三层，它周围环绕着阁的屋舍也是三层，中间架有通道，可在空中往来。处在这万山险阻之地，不凭神力哪能运到这里。从寺的东北前进，走了五里，到大路，再走了十里，到中台，远望东台、南台，都在五六十里以外，而南台外面的龙泉，倒像是更近一些，只有西台、北台与中台相互连接。这时风清日丽，山势开张有如须眉，我先赶往台的南边，登上龙翻石，这里有好几万块乱石，涌上峰头，下临深坞，中间一峰独立，说是文殊菩萨放光留影之处。从台北面径直往下走了四里，山崖的背阴处悬挂着几百丈的冰，叫万年冰。在这山坞里也有盖上庐舍的。初寒还没多久，台间的冰雪，已到处都是。听说下雪是在七月二十七日，正是我离开京城的时候。走了四里，往北走上澡浴池。再往北走上十里，住在北台。北台比起其他台来较为险峻，我趁着有日光往寺外眺望了一番。等回到寺内，已夕阳西下而风大刮。

初八日　叫石堂的老和尚送我，一一指点众山说："北台之下是东台，西面是中台，中间是南台，北面有个山坞叫台湾，这就是众台环绕排列的大概。正东稍北，有泛出青色特别尖锐的，是恒山。正西稍南，有一抹连绵的山岚，是雁门。正南众山，除南台之外，惟有龙泉最雄壮。正北俯瞰内外二边，众山像蓓蕾一般，只有这山的北边外围，峭削层叠，高耸之势，独露一斑。这就是在北台所见的全貌。这里离东台四十里，华岩岭在中间。若要探访北岳恒山，不如直接从岭的北面下去，可以省去四十里长的上下山路。"我点头表示明白，告别往东，直着往下走了八里，平缓往下走了十二里，到达华岩岭。从北边山坞往下走十里，路才平坦。一条山涧从北边流来，又一条山涧从西边流来，两涧汇合而群峰凑拢，就是深壑里的"一壶天"了。沿着山涧往东北走，走了二十里，叫野子场。从南边的白头庵到这里，几十里以内生长着一种天花菜，离开这里便不见了。由这里起两面山崖如屏障如鼎足，雄峭万状，这样延绵有十里。石崖悬断之处，有一层层殿阁楼突起，就是悬空寺。石壁尤其奇特，是北台外围的山峦。不从这里出山，就几乎看不到五台山的精彩场面。

游恒山日记（山西大同府浑源州）①

恒山，是所谓"五岳"中的北岳，但西汉以来的北岳都指今河北曲阳西北的恒山，到明代才改称今山西浑源东南的恒山为北岳，而河北曲阳的恒山则改用了大茂山这个名称。这个明以来的北岳恒山是东北到西南走向，浑源东南是它的主峰。

这是徐霞客在明崇祯六年（1633）四十八岁游浑源恒山时写的日记。

去北台七十里②，山始豁然，曰东底山。台山北尽，即属繁峙界矣③。

初九日 出南山，大溪从山中俱来者，别而西去。余北驰平陆中，望外界之山，高不及台山十之四，其长缭绕如垣④，东带平邢⑤，西接雁门⑥，横而径者十五里。北抵山麓，渡沙河，即为沙河堡，依山瞰流，砖甃高整⑦。由堡西北七十里，出小石口，为大同西道⑧；

直北六十里，出北路口，为大同东道。余从堡后登山，东北数里，至峡口，有水自北而南，即下注沙河者也。循水入峡。与流屈曲，荒谷绝人。数里，义兴寨。数里，朱家坊。又数里，至葫芦嘴，舍涧登山，循嘴而上。地复或坞，溪流北行，为浑源界。又数里，为土岭，去州尚六十里，西南去沙河共五十里矣。遂止居民同姓家。

【注释】

① 大同府浑源州：大同府的府治大同，在今山西大同。浑源州是隶属于大同府的州，即今山西浑源。② 北台：五台山的北台。徐霞客游毕五台山后接着去游浑源恒山，所以游恒山的日记要从离开北台记起。③ 繁峙：县名，即今山西繁峙。④ 垣：矮墙。⑤ 平邢：即今平型关，在山西繁峙、灵丘两县交界处。⑥ 雁门：即今雁门关，在山西代县西北。⑦ 甃（zhòu）：本指砖砌的井壁，这里遍指砖壁。⑧ 大同：即大同府，今山西大同市，辖境相当今山西桑干河流域及灵丘县地。

初十日 循南来之涧，北去三里，有涧自西来合，共东北折而去。余溯西涧入，又一涧自北来，遂从其西登岭，道甚峻。北向直上者六七里；西转，又北跻而上者五六里；登峰两重，造其巅，是名箭筈岭①。自沙河登山涉涧，盘旋山谷，所值皆土魁荒阜②，不意至此而忽跻穹窿③，然岭南犹复阿蒙也④。一逾岭北，瞰东西峰连壁赪⑤,翠蜚丹流⑥,其盘空环映者,皆石也,而石又皆树;石之色一也,而神理又各分妍⑦,树之色不一也,而错综又成合锦。 石得树,而嵯峨倾嵌者幕以藻绘而愈奇,树得石,而平铺倒蟠者缘以突兀而尤古。 如此五十里,直下至坑底,则奔泉一壑,自南注北,遂与之俱出坞口,是名龙峪口。 堡临之,村居颇盛,皆植梅杏,成林蔽麓。 既出谷,复得平陆。 其北又有外界山环之,长亦自东而西,东去浑源州三十里,西去应州七十里⑧,龙峪之临外界,高卑远近⑨,一如东底山之视沙河、峡口诸山也。 于是沿山东向。 望峪之东,山愈嶙嶒斗峭⑩,问知为龙山。 龙山之名,旧著于山西,而不知与恒岳比肩;至是既西涉其阃域⑪,又北览其面目,从不意中得之,可当五台桑榆之收矣⑫。 东行十里,为龙山大云寺,寺南面向山。 又东十里,有大道往西北,直抵恒山之麓,遂折而从之。 去山麓尚十里,望其山两峰亘峙,车骑接轸⑬,破壁而出,乃大同入倒马、紫荆大道也⑭。 循之抵山下,两崖壁立,一涧中流,透罅而入,逼仄如无所向⑮,曲折上下,俱成窈窕⑯,伊阙双峰、武夷九曲⑰,俱不足以拟之也。 时清流未泛,行即溯涧,不知何年两崖俱凿石坎,大四五尺,深及丈,上下排列,想水溢时,插木为阁道者,今废已久,仅存二木悬架高处,犹栋梁之巨擘也⑱。 三转,峡愈隘,崖愈高。 西崖之半,层楼高悬,曲榭斜依⑲,望之如蜃吐重台者⑳,悬空寺也㉑。 五台北壑,亦有悬空寺,拟此未能具体㉒。 仰之神飞,鼓勇独登。 入则楼阁高下,槛路屈曲,崖既蠹削,为天下巨观。 而寺之点缀,兼能尽胜,依岩结构而不为岩石累者仅此。 而僧寮位置适序,凡客坐禅龛,明窗暖榻,寻丈之间，肃然中雅。既下，又行峡中者三四转，则洞门豁然，峦壑掩映，若别有一天者。又一里，涧东有门榜三重㉓，高列阜上。其下石级数百层承之，则北岳恒山庙之山门也。去庙尚十里，左右皆土山层叠，岳顶杳不可见㉔。止门侧土人家，为明日登顶计。

【注释】

① 竿（gān）。② 魁：小山。③ 穹窿（qióng lóng）：窿同隆，穹窿是中间高起四周垂下的地形。④ 阿蒙：三国时东吴的吕蒙年轻时不读书，后来努力向学，鲁肃夸奖他，说他"非复吴下阿蒙"。这里借用此典故，"犹复阿蒙"，是说依然是老样子没有变化。⑤ 隤（tuí）：降下。⑥ 蜚（fēi）：同飞。⑦ 妍（yán）：美。⑧ 应州：县名，今山西应县。⑨ 卑：低下。⑩ 嶙嶒（céng）：高峻突兀貌。⑪ 阃（kǔn）域：阃本是门槛，引申为内室，"阃域"就是领域的意思。⑫ 桑榆之收：古人有"失之东隅，收之桑榆"的说法，"东隅"指日出处，"桑榆"指日落处。这里的"桑榆之收"是指附带的收获。⑬ 轸（zhěn）：车后的横木。⑭ 倒马：关名，在今河北省唐县西北。紫荆：关名，在今河北省易县西紫荆岭上。⑮ 逼仄（zè）：也写做"偪侧"，狭窄得好像没有地方可通。⑯ 窈窕（yǎo tiǎo）：美好貌，深远貌。⑰ 武夷九曲：武夷指福建省崇安县西南的小武夷山，九曲即九曲溪，是武夷山中的游览胜地之一。⑱ 巨擘（bò）：大拇指，比喻特别出众的人或物。⑲ 榭（xiè）：台上的屋子叫榭。⑳ 蜃（shèn）吐重台：今通称为"海市蜃楼"，也叫"蜃景"，是由于光线经不同密度空气折射，把远处的景物显示在海边或沙漠地区，

古人缺乏这方面的科学知识,认为是一种叫大蛤蜃的吐气而成,所以叫它"蜃楼"、"蜃景",这"蜃吐重台"就是指蜃吐气而成的重重楼台。㉑悬空寺:在恒山磁窑峡,悬空三百余丈。传说创建于后魏,是恒山的一处游览胜地。㉒具体:是"具体而微"的简称,"具体而微"是乙和甲相比,甲所有的,乙都具有,但较微弱。㉓门榜:门上的匾额,这里应指庙前牌坊上的匾额。㉔杳(yǎo):看不到踪影。

十一日 风翳净尽①,澄碧如洗。策杖登岳,面东而上,土冈浅阜,无攀跻劳。盖山自龙泉来,凡三重:惟龙泉一重峭削在内,而关以外反土脊平旷;五台一重虽崇峻,而骨石耸拔,俱在东底山一带出峪之处;其第三重自峡口入山而北,西极龙山之顶,东至恒岳之阳,亦皆藏锋敛锷②,一临北面,则峰峰陡削,悉现岩岩本色。一里,转北,山皆煤炭,不深凿即可得。又一里,则土石皆赤。有虬松离立道旁,亭曰望仙。又三里,则崖石渐起,松影筛阴③,是名虎风口,于是石路萦迴,始循崖乘峭而上。三里,有杰坊曰"朔方第一山"④,内则官廨厨井俱备⑤,坊右东向拾级上,崖半为寝宫⑥,宫北为飞石窟,相传真定府恒山从此飞去⑦。再上则北岳殿也,上负绝壁,下临官廨,殿下云级插天,庑门上下⑧,穹碑森立。从殿右上,有石窟倚而室之,曰会仙台,台中像群仙,环列无隙。余时欲跻危崖,登绝顶,还过岳殿东,望两崖断处,中垂草莽者千尺,为登顶间道,遂解衣攀蹑而登。二里,出危崖上,仰眺绝顶,犹杰然天半。而满山短树蒙密,槎丫枯竹⑨,但能钩衣刺领,攀践辄断折⑩,用力虽勤,若堕洪涛,汩汩不能出。余益鼓勇上,久之棘尽,始登其顶。时日色澄丽,俯瞰山北,崩崖乱坠,杂树密翳,是山土山无树,石山则有,北向俱石,故树皆在北。浑源州城一方,即在山麓。北瞰隔山一重,苍茫无际,南惟龙泉,西惟五台,青青与此作伍,近则龙山西亘,支峰东连,若比肩连袂⑪,下扼沙漠者。既而下西峰,寻前入峡危崖,俯瞰茫茫,不敢下。忽回首东顾,有一人飘摇于上,因复上其处问之,指东南松柏间。望而趋,乃上时寝宫后危崖顶。未几果得径,南经松柏林,先从顶上望松柏葱青,如蒜叶草茎,至此则合抱参天⑫,虎风口之松柏,不啻百倍之也!从崖隙直下,恰在寝宫之右,即飞石窟也。视余前上隘,中止隔崖一片耳。下山五里,由悬空寺危崖出,又十五里,至浑源州西关外。

【注释】

① 翳(yì):指尘土。② 藏锋敛锷:锋和锷都是刀剑的刃部,"藏锋敛锷"就是把锋芒掩盖起来,藏而不露的意思。③ 筛(shāi):筛子,一种用来分出粗细颗粒的设备。④ 朔方:北方。⑤ 官廨(xiè):旧时官府办事的地方。⑥ 寝宫:寝是睡眠,寝宫本是指皇帝睡觉的地方,后来神庙也都盖有寝宫,这里是北岳神的寝宫。⑦ 真定府恒山:就是汉以来的北岳恒山,在今河北曲阳西北,明代属于河北真定府的曲阳县。⑧ 庑(wǔ):殿堂周围的廊屋。⑨ 槎(chá)丫:旁出的枝条。⑩ 辄(zhé):即。⑪ 比肩连袂(mèi):袂是衣

袖,这里的"比肩连袂"是形容各个山峰紧密相连的样子。
⑫合抱参天:形容树的粗大,要几个人合抱才抱得拢,而且高得像插到天空似的。

【翻译】

　　离开北台七十里,山势变得开阔起来,叫东底山,五台山最北面的尽头处,就属于繁峙县境了。

　　初九日　出了南山,和我一起从山中出来的大溪,转而向西流去。我向北在平地上驱驰,看外面的山,高度不到五台山的十分之四,但很长,像城墙一样缭绕着,东面连着平型关,西面连着雁门关,走十五里才能穿过。往北走到山脚下,渡过沙河,就是沙河堡。堡背山面水,砖墙高大齐整。从堡往西北走七十里,走出小石口,是去大同的西路;正北走六十里,走出北路口,是去大同的东路。我从堡后面上山,往东北走了几里,到达峡口,有条水从北往南流,就是往下流进沙河的。顺着水进入峡中,沿着水流屈曲地前进,荒谷里什么人也看不到。走了几里,到义兴寨。又走了几里,到朱家坊。又走了几里,到葫芦嘴,离开涧登上山,顺着嘴往上走。这里又成为山坞,溪水往北流,是浑源县界。又走了几里,到土岭,离浑源州城还有六十里,西南离沙河已有五十里了。就停下来住在当地一个姓同的人的家里。

　　初十日　顺着从南面流来的涧水,往北走了三里,有条涧水从西面流过来,汇合到一起往东转折流去。我从西面的涧水逆上,又有一条涧水从北流来,就从它的西面登上岭,道路非常险峻。往北直上六七里,往西转,又往北登上五六里，上了两重山峰，到达峰顶，叫箭筈岭。自从沙河上山涉涧，盘旋在山谷里，所遇到的都是些土山，想不到在这里忽然登上高山，但岭南边仍是老样子。一过岭北，往下看东西两边，山峰连接崖壁起伏，流红滴翠：那盘空环映的，都是石，而石又都长树；石的颜色一样，而又各有神态，互相争胜斗奇，树的颜色不一样，而错综到一起，又成为一幅幅织锦。石有了树，高峻突兀之处，好像蒙上了彩绘而愈显其奇，树有了石，平铺倒蟠的加以突兀而愈见其古。这样走了五十里，一直下到坑底，有一壑急流，从南边流往北，就沿着它出了坞口，叫做龙峪口。有个堡在峪口，村里房屋居民颇多，都种植梅杏，山脚下林木成荫。出了峪，又来到平地。北面外围又有一条山环绕着，也是从东到西长，东面离浑源州三十里，西面离应州七十里。龙峪口对于外界的山势，高低远近，就和东底山对于沙河、峡口等山一样。从这里沿着山向东走，看到峪的东面，山势愈加高峻陡峭，问人家才知道就是龙山。龙山之名曾著称于山西，却不知它和恒岳并肩而立；这时既从西边经过它的领域，又向北看见它的面目，这都是无意中得到的，可算是游五台山的附带收获。往东走十里，是龙山的大云寺，寺南面对着山。再往东走十里，有条大路通往西北方向，直到恒山脚下，就折转过来顺着它走。离山脚还有十里，已看到恒山的山峰横空耸立，路上车马不绝，从山壁后面走出来，原来这是从大同进入倒马关、紫荆关的大路。顺着路走到山下，两边山崖壁立，中间一条涧水，透过隙缝流进去，狭窄得好像没有地方可通似的，曲折高低都非常幽深秀美，伊阙的双峰和武夷的九曲溪，都不足以和它相比。

这时，涧水还未上涨，逆着涧往前进，不知什么时候在两边崖上都凿上了石坑，大四五尺，深有一丈，上下排列，大概是水涨时插上木材作栈道的，至今废弃日久，仅剩下两根木材悬架在高处，还是头等的栋梁之材呢。转了三个弯，峡越来越窄，崖越来越高。西边山崖半腰处，层楼高悬着，曲榭斜倚着，看上去好像是蜃吐气而成的，就是悬空寺了。五台山的北鼞，也有个悬空寺，和这相比还够不上"具体而微"。仰看真令人神往，鼓足勇气独自登上。进去后里面的阁楼高高低低，围着栏杆的道路弯弯曲曲，山崖高耸峻峭，构成天下的奇观，再加上布置的格局极其巧妙，靠着山崖建筑而又不被岩石所妨碍的，仅此而已，和尚们住的房屋位置也安排得很合适。不论是待客的地方，还是坐禅的地方，都是明窗暖榻，即使八九尺丈来长的房间，也显得清静高雅。从悬空寺下来，又在山峡里转了三四道弯，就有个洞门豁然开朗，山峦涧壑互相掩映，好像别有天地。又走了一里，涧东面有三道门的匾额，高高地列在小山上。下面有几百道石级，这就是恒山庙的山门了。这里离庙还有十里路，左右都是重叠的土山，山顶还远得看不见踪影。在山门旁边的当地人家住宿，做好明天登山的准备。

十一日　风止没有尘土，山上清碧就像雨洗过似的。我扶着杖登北岳，朝东边往上爬，都是土冈浅山，使人不感到攀登的劳累。这都是因为山从龙泉过来，有三重：只有龙泉山一重里面比较陡峭，而关以外反而都是土脊平旷；五台山一重虽然高峻，但岩山高耸挺拔的都在东底山一带出峪之处；第三重从峡口入山向北，西到龙山山顶，东到恒山山南，也都藏锋敛锷不见陡峭，一到北面，每个山峰都很陡峭，完全显露出岩岩高峻的本色。走了一里，往北转，山里都是煤炭，不必深凿就可挖到。再走了一里，土石都是红色。路边有株像虬龙一般盘曲的松树，有个亭叫望仙亭。再走了三里，崖石逐渐出现，阳光从浓密的松荫中透射出来，叫做虎风口。这时石路来回盘旋，开始沿着陡峭的山崖走上去。走了三里，看到个大牌坊，上面写着"朔方第一山"五个字，里面官廨、厨房、水井样样都有。从坊的右边往东踏着石级上去，崖的半中间是寝宫，寝宫的北面是飞石窟，传说真定府的恒山就是从这里飞去的。再往上就是北岳殿了，上面背着断壁，下面俯临官廨，殿下石级好似直插天际，庑门上下，巨碑林立。从殿的右边上去，有个石窟并盖了屋子，叫做会仙台，里面有许多神仙塑像，环列着没有一点空隙。我这时想攀升悬崖，登上山的最高处，就返回来到岳殿东边，看着两崖分开的地方，中间有一千多尺垂着草丛的地方，是登往山顶的小路，就脱去外衣攀援而上。上了二里，从悬崖上出来，抬头看最高顶，还雄伟地立在半天中。满山都是茂密的短树，两旁长出枝条枯竹，能钩破衣服刺疼脖子，拉着踩着立刻折断，虽然用力不少，但却好像跌落到大水里，汩汩地出不来。我更加鼓足勇气往上攀，过了好久荆棘没有了，才登上山顶。这时阳光明媚，往下看山的北面，崩裂的山崖好似往四处乱坠，还遮盖着密密的杂树，这座山是土山，没有树，石山上就有，北边都是石山，所以树都在北边。浑源州城的一角，就在山脚下。从北往下看还隔着一重山，苍苍茫茫看不到边际，南边只有龙泉山，西边只有五台山，一片苍翠与之为伴。近处则龙山横贯在西边，支峰和东边相连，好像并肩拉手，向下控制着沙漠似的。接着走下西峰，找见入峡时的悬崖，往下看茫茫一片，不敢下去。忽然回头往东一看，见到有个人在上面飘飘摇摇地走着，于是重新走上去问他，他指点叫从东南的松柏丛中下去。朝那里赶去，原来是上来时寝宫后面的悬崖顶。不一会儿果然找到了路，往南经过松柏林，原先从顶上远看只看到的松柏青翠，像蒜叶草茎那样细小，到这里却是合抱参天的大树；可以想象虎风口的松柏，更不止是百倍于它呀！从悬崖的缝隙里一直下来，正好到寝宫的右面，也就是飞石窟这个地方。看我原先上去的石隥，中间只隔着一片山崖而已。下山走了五里，从悬空寺的悬崖出去，再走了十五里，到达浑源州的西关外边。

楚 游 日 记

楚,是指当时湖广布政使司所管辖的地区,即今湖北、湖南两省区,但实际上徐霞客只游了湖南,并未去湖北。《楚游日记》就是徐霞客在明崇祯十年(1637)五十二岁时游湖南所写的日记。由于所记内容多,这里只选译了其中游衡山的日记。

游 衡 山 日 记

衡山是所谓"五岳"的南岳,在当时湖广衡州府衡山县即今湖南省衡山县西部,山有七十二峰,以雄伟著称。

二十一日 四鼓①,月明,舟人即促下舟。 二十里,至雷家埠,出湘江,鸡始鸣。 又东北顺流十五里,抵衡山县,江流在县东城下。 自南门入,过县前,出西门，三里，越桐木岭，始有大松立路侧。 又二里，石陂桥，始夹路有松。 又五里，过九龙泉，有头巾石。 又五里，师姑桥，山陇始开，始见祝融北峙②。 然夹路之松，至师姑桥而尽矣，桥下之水东南去。 又五里入山，复得松，又五里，路北有"子抱母松"③（大者二抱，小者分两歧）。 又二里，越佛子坳。 又二里，上俯头岭。 又一里，则岳市矣。 过司马桥，入谒岳庙，出饭于庙前。 问水帘洞在山东北隅，非登山之道。 时才下午，犹及登顶，密云无翳，恐明日阴晴未卜，踌躇久之，念既上，岂能复迂道而转，遂东出岳市，即由路亭北依山转歧，初路甚大，乃湘潭入岳之道也④。 东北三里，有小溪自岳东高峰来，遇樵者引入小径，三里，上山峡，望见水帘布石崖下。 二里，造其处⑤，乃瀑之泻于崖间者，可谓之"水帘"，不可谓之"洞"也！ 崖北石上大书"朱陵大沥洞天"并"水帘洞高山流水"诸字，皆宋、元人所书，不辨其款⑥。 引者又言其东九真洞，亦山峡间出峡之瀑也。 下山又东北二里，登山循峡，逾一隘中，峰回水绕，引者以为九真矣。 有焚山者至，曰："此寿宁宫故址，乃九真下流。"所云洞者，乃山环成坞，与此无异也，其地在紫盖峰之下。 逾山而北，尚有洞，亦山坞，渐近湘潭境。 予见日将暮，遂出山，十里，僧寮已近，还宿庙。

二十二日　力疾登山。 由岳庙西度将军桥，岳庙东西皆涧。 北入山一里，为紫云洞，亦无洞，山前一冈当户环成耳。 由此上岭一里，大石后度一脊，里许，路南有铁佛寺。 寺后跻级一里，路两旁俱细竹蒙茸⑦。 上岭，得丹霞寺。 复从寺侧北上，由络丝潭北下一岭，又循络丝上流之涧，一里，为宝善堂。其处涧从东西两壑来，堂前有大石如劈，两涧环石下，出玉板桥，与东涧合而南。宝善界两涧中，去岳庙已五里。堂后复蹑登一里⑧，又循西涧岭东，平行二里，为半云庵。庵后渡涧，西蹑级直上，二里上一峰，为茶庵。又直上三里，逾一峰，得半山庵，路甚峻。由半山庵丹霞侧北上，竹树交映，青翠滴衣，竹中闻泉声淙淙。自半云逾涧，全不与水遇，以为山高无水，至是闻之殊快⑨。时欲登顶，过诸寺俱不入。由丹霞上三里，为湘南寺，又二里，南天门。平行东向二里，分路。南一里飞来船、讲经台。转至旧路，又东下半里，北度脊，西北上三里，上封寺，上封东有虎跑泉，西有卓锡泉。

二十三日 上封。

二十四日 上封。

二十五日 上封。

二十六日 晴。至观音崖，再上祝融会仙桥。由不语崖西下。八里，分路（南茅坪）。北二里，九龙坪，仍转路口。南一里，茅坪。东南由山半行，四里渡乱涧，至大坪分路（东南上南天门）。西南小路直上四里，为老龙池，有水一池，在岭坳，不甚澄，其净室多在岭外。西南侧刀之西、雷祖之东分路。东二里，上侧刀峰。平行顶上二里，下山顶，度脊甚狭，行赤帝峰北。一里，绕其东，分路。乃南由坳中东行一里，转出天柱东，遂南下，五里，过狮子山与大路合，遂由歧路西入福严寺（殿已倾，僧佛鼎谋新之）。宿明道山房⑩。

二十七日 早闻雨，餐后行，少止。由寺西循天柱南一里，又西上二里，越南分之脊，转而北，循天柱西一里，上西来之脊，遂由脊上西南行，于是循华盖之东矣。一里，转华盖南，西行三里，循华盖西而北下。 风雨大至，自是持盖行⑪。 北过一小坪，复过上岭，共一里。转而西行岭脊上，连度三脊，或循岭北，或循岭南，共三里而复上岭。 于是直上二里，是为观音峰矣。 由峰北树中行三里，雨始止，而沉霾殊甚⑫。 又西南下一里，得观音庵，始知路不迷。 又下一里，为罗汉台。 有路自北坞至者，即南沟来道。 于是复南上二里，连度二脊，丛木亦尽，峰皆茅矣。 既逾高顶，南下一里，得丛木一丘，是为云雾堂。 中有老僧，号东窗，年九十八，犹能与客同拜起。 时雾稍开，又南下一里半，得东来大路，遂转西下，又一里半，至涧，渡桥而西，即方广寺（寺正殿崇祯初被灾，三佛俱雨中）。 盖大岭之南，石廪峰分支西下，为莲花诸峰；大岭之北，云雾顶分支西下，为泉室、天台诸峰，夹而成坞，寺在其中（寺始于梁天监中⑬）。 水口西去，环锁甚隘，亦胜地也（宋晦庵、南轩诸迹⑭，俱没于火）。 寺西有洗衲池，补衣石在涧旁，渡水口桥，即北上山，西北登一里半，又平行一里半，得天台寺。 寺有僧全撰，名僧也，适他出，其徒中立以芽茶馈⑮。 盖泉室峰又西起高顶，突为天台峰，西垂一支，环转而南，若大尾之掉⑯，几东接其南下之支。南面水仅成峡，内环一坞如玦⑰，在高原之上，与方广可称上下二奇。 返宿方广庆禅、宁禅房。 先是，余欲由南沟趋罗汉台至方广，比登古龙池，乃东上侧刀峰，误出天柱东。 及宿福岩，适佛鼎师通道取木，遂复辟罗汉台路。 余乃得循之西行，且自天柱、华盖、观音、云雾至大坳，皆衡山来脉之脊，得一览无遗，实意中之事也。

由南沟趋罗台亦迂，不若径登天台，然后南岳之胜乃尽。

二十八日　早起，风雨不收。宁禅、庆禅二僧固留余，强别之，庆禅送至补衲台而别。遂沿涧西行，南北两界，山俱茅秃，五里，始有石树萦溪，崖影溪声，上下交映。又二里，隔溪前山，有峡自东南来，与方广水合流西去。北向登崖，崖下石树愈密，涧在深壑，其中有黑、白、黄三龙潭，两崖峭削，故路折而上，闻声而已，不能见也。已而平行山半，共三里，过鹅公嘴，得龙潭寺。寺在天台西峰之下，南为双髻峰。盖天台、双髻夹而西来，以成龙潭之流，潭北上即为寺，寺西为狮子峰，尖削特立，天台以西之峰，至此而尽。其南隔溪即双髻西峰，而莲花以西之峰，亦至此而尽。过九龙，犹平行山半，五里，自狮子峰南绕其西，下山又五里，为马迹桥，而衡山西面之山始尽。桥东去龙潭十里，西去湘乡界四十里[13]，西北去白高三十里，南至衡阳界孟公坳五里。自马迹桥南渡一涧，涧即方广九龙水去白高者，即东南行，四里至田心。又越一小桥，一里，上一低坳，不知其为界头也。过坳又五里，有水自东北山间悬崖而下，其高数十仞，是为小响水塘，盖亦衡山之余波也。又二里，有水自北山悬崖而下，是为大响水塘，阔大过前崖，而水分两级，转下峡间，初见上级，后见下级，故觉其不及前崖飞流直下也。前即宁水桥，问水从何处，始知其南由唐夫沙河而下衡州草桥[19]。盖自马迹南五里孟公坳分衡阳、衡山界处，其水北下者，即由白高下一殡江[20]，南下者即由沙河下草桥，是孟公坳不特两县分界，而实衡山西来过脉也，第其坳甚平，其西来山即不甚高，故不之觉耳。始悟衡山来脉，非自南来，乃由此坳东峙双髻，又东为莲花峰后山，又东起为石廪峰，始分南北二支，南为岣嵝、白石诸峰㉑，北为云雾、观音以峙天柱。使不由西路，必谓岣嵝、白石乃其来脉矣。由宁水桥饭而南，五里，过国清亭，逾一小岭，为穆家洞。其洞回环圆整，水自东南绕至东北，乃石廪峰西南峡中水。山亦如之，而东附于衡山之西。径洞二里，复南逾一岭，一里，是为陶朱下洞，其洞甚狭，水直西去。路又南入峡，二里，复逾一岭，为陶朱中洞，其水亦西去。又南二里，上一岭，其坳甚隘，为陶朱三洞，其洞较宽于前二洞，而不及穆洞之回环也。二里，又逾一岭，为界江，其水由东南向西北去。界江之西为大海岭。溯水南行一里，上一坳，亦甚平，乃衡之脉，又西度为大海岭者。其坳北之水，即西北下唐夫，其坳南之水，即东南下横口者也。逾坳共一里，为傍塘，即随水东南行。五里，为黑山。又五里，水口，两山逼凑，水由其外破壁而入，路逾其上。一里，水始出峡，路亦就夷。又一里，是为横口。傍塘、黑山之水南下，岣嵝之水西南来，至此而合。其地北望岣嵝、白石诸峰甚近，南去衡州尚五十里，遂止宿旅店。是日共行六十里。

【注释】

① 四鼓：即四更，天将黎明的时候。古代夜间击鼓报更，所以也把鼓作为更的代称。② 祝融：神话传说中的火神，这里的祝融是指衡山的主峰祝融峰，是衡山最高的山峰之一。③ 子抱母松：歧生一大一小，像孩子抱着母亲的

模样。④ 湘潭：县名，隶属于长沙府，即今湖南湘潭。⑤ 造：这里是到达的意思。⑥ 款：落款，即所题书写者姓名籍贯官位之类。⑦ 蒙茸：草木茂盛貌。⑧ 蹑(niè)：踏、踩。⑨ 殊快：特别高兴。⑩ 山房：山里的房屋，常用来指书屋和僧舍，这里是指僧舍。⑪ 盖：雨伞。⑫ 霾(mái)：大气混浊呈浅蓝色或微黄色的天气现象，这是因为大气中有悬浮的细微烟、尘或盐粒所致。这里是指空中的阴云。⑬ 梁天监：梁是南北朝时南朝的梁朝。天监：梁武帝的年号。⑭ 晦庵、南轩：南宋时著名的大学问家朱熹和张栻，晦庵是朱熹的号，南轩是张栻的号。⑮ 芽茶：嫩茶。馈(kuì)：赠送，招待。⑯ 大尾之掉：古人有"尾大不掉"的说法，意思是尾巴过于粗大就转动不灵，这里借用来是说山像粗大的尾巴在转动着。⑰ 玦(jué)：古代圆环形而有个缺口的玉器。⑱ 湘乡：县名，隶属于长沙府，今湖南湘乡。⑲ 衡州：衡州府，府治衡阳，即今湖南衡阳。⑳ 殊：这个字不见于任何字典字书，很可能是徐霞客根据当地的土音随手编造的，现在已无法弄清楚它的读音了。㉑ 岣嵝(gǒu lǒu)。

【翻译】

二十一日 四更天，月光很明亮，船夫就催促下船。走了二十里，到达雷家埠，出了湘江，鸡才开始叫。又顺流向东北走了十五里，到达衡山县，江水流过县的东城之下。从南门进城，经过县衙前，从西门出城，走了三里，翻过桐木岭，才有大松树出现在路边。再走了二里，是石陂桥，路两旁都是松树。再往前走五里，过九龙泉，有块大石叫头巾石。再走了五里，到师姑桥，山势开始变得开阔，远远看见祝融峰矗立在北边。可路两旁的松树，到师姑桥也就不见了，桥下的水则向东南流去。再走五里进了山，又看到松树。再走五里，路北面有棵"子抱母松"（大的有两个抱着，小的分成两股）。再走二里，越过佛子坳。再走了二里，上了俯头岭，再走一里，就到了岳市。过了司马桥，进入岳庙拜谒。出来在庙前吃饭。打听到水帘洞在山的东北角，上山的路不经过。这时才是下午，还来得及登上山顶，天上云层密布但还不阴沉，怕明天阴晴未能预卜，犹豫了好久，想既然上了山，哪能再折转回去，就往东出了岳市，从路亭北面靠着山转上岔路，开始路很宽大，是从湘潭进山的路。往东北走了三里，有条小溪从岳东的高峰上流下来，碰见打柴的引进小路，走了三里，上到山峡，看到水帘挂在石崖底下。走了二里，到了那里，原来是瀑布倾泻在崖间，所以叫做"水帘"，但可不能说是"洞"啊！崖北的石头上写着很大的"朱陵大沥洞天"和"水帘洞高山流水"等字，都是宋、元人写的，已经分辨不清落款了。引路的又说它东面有个九真洞，也是从山峡中间倾泻出来的瀑布。下山后又往东北走了二里，登上山顺着山峡走，越过一道山隘，看到峰回水转，引路的以为就是九真洞了，有个烧荒的到来，说："这是寿宁宫的旧址，是九真的下流。"所说的洞，就是山环绕成坞，和这里并没有什么差别，洞的地址是在紫盖峰下面。翻过山往北走，还有洞，也是山坞，已接近湘潭县境。我看天快黑了，就出了山，走了十里，离僧寮不远，回到庙里歇宿。

二十二日　鼓劲登山。从岳庙向西过了将军桥，岳庙东西两边都是涧水。往北进山走了一里,是紫云洞,也没有洞,只是山前的一道山冈当门环着而已。从这里上岭走了一里,从大石后越过一道山脊,走了一里多,路南有个铁佛寺。由寺后登一里石级,路两旁都是蒙茸的细竹子。上了岭,有个丹霞寺,再从寺旁往北上去,从络丝潭往北下一道岭,再沿着络丝潭上流的涧水走了一里,就是宝善堂。这里涧水从东西两边山壑里流下来,堂前有块大石好像劈成似的,两道涧环绕着大石流下,流出玉板桥,与东面的涧水汇合向南流去。宝善堂在两条涧水之间,离开岳庙已有五里。从堂后又走上一里,又顺西涧来到岭东,平行走了二里,到达半云庵。从庵后渡过涧水,往西踩着石级直上,走二里上了一个山峰,到茶庵。再直上了三里,翻过一个山峰,到半山庵,路非常险峻。从半山庵丹霞寺旁边往北上去,竹枝交映,青翠滴衣。竹丛中还可听见淙淙的泉水声。自从在半云庵过了涧水之后,再没有遇见水,以为是山高所以没有水,到这里听到水声特别高兴。这时因为想上山顶,过了几个寺都没有进去。从丹霞寺上了三里,到湘南寺,又走了二里,到南天门。又向东平行走了二里,路就分开。往南走一里是飞来船和讲经台。转到原路上,又往东走下半里,往北翻过山脊,往西北走上三里,来到上封寺。上封寺的东边有个虎跑泉,西边有个卓锡泉。

二十三日　住在上封寺

二十四日　住在上封寺

二十五日　住在上封寺

二十六日　晴。到观音崖,再上祝融峰的会仙桥。从不语崖往西走下来,走了八里。路又分开(南茅坪)。往北走二里，到九龙坪。仍然转到路口。往南走一里，到茅坪。从半山腰往东南走，走了四里渡过乱涧，到大坪路分开（从东南可上南天门）。从西南的小路直上四里，是老龙池，有一池水，在岭凹里，不很清澈，这里和尚住的净室多数在岭外。往西南在侧刀峰之西、雷祖峰的东面路分开。往东走二里，上了侧刀峰，在峰顶平走了二里，下了山顶，度过一道很窄的山脊，来到赤帝峰的北面。走了一里，绕过它的东边，路又分开。就从南面在山凹中往东走了一里，转到天柱峰东面，就往南走下去，走了五里，过狮子山与大路会合，就从岔路往西进入福严寺（大殿已经倾斜，有个叫佛鼎的和尚计划重新修建）。住在明道和尚的山房里。

二十七日　早上听到下雨，吃饭后出发，雨稍微停了。从寺的西边沿天柱峰往南走了一里，又向西走上二里，越过向南分出的山脊，转往北，沿着天柱峰往西走一里，上了从西面延伸过来的山脊，就从山脊上往西南走，这就转到华盖峰的东面了。走了一里，转到华盖峰的南面，再往西走三里，沿着华盖峰的西面往北下去。这时刮起大风下起大雨，就打着雨伞走路。向北过了一个小坪，又上岭，共走了一里路。转往西边走到岭脊上，接连过了三道岭脊，有时沿着岭北走，有时沿着岭南走，共走了三里又上了岭。于是又对直走上二里，就到观音峰了。在峰北的树林中走了三里，雨才不下了，只是阴云还很重。又往西南走下一里，来到观音庵，这才知道没有迷路。再走下一里，是罗汉台。有条路从北面的山坞通到这里，就是从南沟来的路。于是又往南走上二里，接连越过两道岭脊，树木都没有了，峰上长满了茅草。越过高顶，往南走下一里，看到一个小丘长满了树木,就是云雾堂。堂里有个老和尚,法号东窗,已九十八岁,还能和客人一起礼拜佛像。这时雾稍稍散开,又向南走下一里半路,看见一条从东面来的大路,就转向西边下去,再走了一里半路,到涧边,过桥向西走,就是方广寺(方广寺的正殿崇祯初年被毁,三尊佛像都淋在雨中)。大体说来,大岭的南面,石廪峰分支西下,成为莲花等峰;大岭的北面,云雾顶分支西下,成为泉室、天台等峰,夹而成为山坞,寺就在山坞之中(寺初建于梁天监年间)。从水口往西,山势合拢极为险隘,也是一处游览胜地(南宋朱晦庵、张南轩的手迹,都毁于火中)。方广寺西面有个洗衲池,还有个补衣石在涧旁边。渡过水口桥,就从北面上山,向西北登上一里半路,又平行走了一里半路,到天台寺。寺里有个和尚叫全撰的,是位有名的高僧,正好这时他出去了,他的徒弟叫中立的就用嫩茶来款待。泉室峰又向西隆起一个高顶,突起成为天台峰,又向西垂下一支,环转延伸到南面,好似一条大尾巴在转动着,东边几乎和那南下的山脉连接起来。南边的水仅能成为一道山峡,里面环成山坞向玦一样,在高原的上面,可和方广寺并称为上下两处奇迹。回来住到方广寺的庆禅和宁禅两位的房屋里。原先,我想从南沟去罗汉台再到方广寺,等到登上古龙池,就往东登上侧刀峰,走错路来到天柱峰的东面。等到住宿在福岩时,正好佛鼎和尚打通道路搬运木料,又开辟了一条到达罗汉台的通道。我才能沿着这条路往西走,而且从天柱峰、华盖峰、观音峰、云雾峰到大坳,都是衡山山脉的山脊,能够一览无余,也实在是意料之中的事情。从南沟去罗汉台走也迂远,不如直接登上天台峰,这样南岳的胜景才能看完。

二十八日　早上起来，风雨不止。宁禅、庆禅两位和尚坚决挽留，我硬是辞谢了，庆禅一直把我送到补衲台才分手。我就沿着涧往西走，南北两边，山上都是茅草，光秃秃的，走了五里，才有石头和树环绕着溪水，崖影溪声，上下交映。又走了二里，溪水对面的山上，有道峡水从东南流过来，和方广的水汇合后向西流去。往北登上山崖，崖下的石树愈来愈密，涧水在深壑之中，有黑、白、黄三个龙潭，两边的山崖陡峭，所以路曲折而上，只是能听到水声，三个龙潭无法看到。过一会儿在山的半腰平行前进，走了三里，过了鹅公嘴，来到龙潭寺。寺在天台西峰的下面，南边是双髻峰。大体说来，天台峰和双髻峰夹着从西边过来，形成龙潭的流水，潭北上就是龙潭寺，寺的西边是狮子峰，尖削挺立，天台以西的山峰，到这里就尽了。它的南边隔着条溪就是双髻西峰，而莲花以西的山峰，也到这里尽头。过了九龙峰，还在半山腰平行前进，走了五里，从狮子峰的南边绕到它的西边，下山又走五里，到马迹桥，衡山西面的山也到尽头了。桥向东到龙潭有十里，向西到湘乡县界四十里，向西北到白高有三十里，向南到衡阳县界的孟公坳有五里。从马迹桥往南渡过一条涧，这涧就是方广峰和九龙峰去白高的那条溪水。往东南走，走了四里到田心。再过小桥，走了一里，走上一个低低的山凹，不知道这就是界头了！过了山凹走五里，有条水从东北山间的悬崖上下来，有几十仞高，就是小响水塘，这也是衡山的余波。再走二里，有条水从北山悬崖上下来，就是大响水塘，它阔大超过前面山崖上的水，只是水分成两级，一级转一级下到峡里，先看见上面一级，然后看到下面一级，所以就觉得不如前边崖上的水飞流直下气势磅礴了。前面就是宁水桥，问水的由来，才知道它南面来自唐夫沙河而往下流到衡州草桥。从马迹桥南面五里孟公坳这个衡阳、衡山两县分界处，北下的那条水从白高注入一殨江，南下的那条水从沙河下流到草桥，所以孟公坳不仅是两县的分界，也是衡山向西延伸过来的山脉，只是坳很平，西边延伸过来的山也不很高，所以就看不出了。这才明白衡山的来脉，不是从南边过来，而是在这个坳的东边突起一个双髻峰，再往东是莲花峰后山，又往东突起一个石廪峰，然后分成南北二支，南边是岣嵝、白石等峰，北面是云雾峰、观音峰对峙着天柱峰。假如不由西路来，一定误认为岣嵝、白石等峰是衡山的来脉了。在宁水桥吃饭后往南走了五里，过了国清亭，越过一座小岭，到穆家洞。这个洞回环圆整，水从东南绕到东北，是石廪峰西南峡里的水。山也是这样，向东靠到衡山的西边。穿过洞走了二里，再往南越过一道岭，走了一里，就是陶朱下洞，这个洞很狭窄，水一直向西流去。路又向南进入山峡中，走了二里，又翻过一道岭，是陶朱中洞，洞里的水也向西流去。又向南走了二里，登上一道岭，山凹很狭窄，是陶朱三洞，这洞比前面两个稍宽一些，但不如穆家洞的回环曲折。再走二里，又翻过一道岭，就是界江，江水由东南向西北流去。界江的西面是大海岭。逆着水往南走了一里，上了一个山凹，也很平，也属于衡山山脉，又往西延伸成为大海岭的。山凹北边的水，就是向西北流到唐夫的那条，山坳南边的水，就是向东南流向横口的那条。越过山凹走一里，来到傍塘，就沿着水往东南走。走了五里,到黑山。再走五里,到水口,两座山凑近着,水由山外破壁而入,路在上面越过去。一里之后,水才出了峡谷,路也变得平坦了。再走一里,是横口。傍塘、黑山的水往南流去,屿嵝的水从西南流来,到这里汇合。在这里向北看屿嵝、白石等峰很近,往南去衡州还有五十里,就停下来在旅店住宿。这天共走了六十里路。

粤西游日记

粤西,是指当时广西布政使司所管辖的地区,即今广西省。这《粤西游日记》是徐霞客在明崇祯十年(1637)五十二岁时游广西所写的日记。由于所记内容多,这里只选译了其中游七星岩和象鼻山的日记。

游七星岩日记

七星岩,在当时广西桂林府临桂县,即今广西省桂林市的东郊,是著名的风景区。

初二日①晨餐后,与静闻、顾仆裹蔬粮②,携卧具,东出浮桥门,渡浮桥,又东渡花桥,从桥东即北转循山(花桥东涯有小石突临桥端,修溪缀村,东往殊逗人心目)。山崎花桥东北,其嵯峨之势,反不若东南夹道之峰，而七星岩即倚焉，其去浮桥共里余耳。 岩西向，其下有寿佛寺。 即从寺左登山，先有亭翼然迎客，名曰摘星，则曹能始所构而书之③。 其上有崖横骞④，仅可置足，然俯瞰城堞西山⑤，则甚畅也。 其左即为佛庐，当岩之口，入其内不知其为岩也。 询寺僧岩所何在，僧推后扉导余入⑥，历级而上约三丈，洞口为庐掩，黑暗，忽转而西北，豁然中开，上穹下平，中多列笋悬柱，爽朗通漏，此上洞也，是为七星岩。 从其右历级下，又入下洞，是为栖霞洞。 其洞宏朗雄拓，门亦西北向，仰眺崇赫。 洞顶横裂一隙，有石鲤鱼从隙悬跃下向，首尾鳞鬣⑦，使琢石为之，不能酷肖乃尔。 其旁盘结蟠盖，五色灿烂。 西北层台高叠，缘级而上，是为老君台。 由台北向，洞若两界，西行高台之上，东循深壑之中。 由台上行，入一门，直北至黑暗处，上穹无际，下陷成潭，颓洞峭裂⑧，忽变夷为险。 时余先觅导者，燃松明于洞底以入洞⑨，不由台上，故不及从，而不知其处之亦不可明也。 乃下台，仍至洞底，导者携灯前趋，循台东壑中行，始见台壁攒裂绣错，备诸灵幻，更不记身之自上来也⑩。 直北入一天门，石楣垂立，仅度单人。 既入，则复穹然高远，其左有石栏横列，下陷深黑，杳不见底，是为獭子潭。 导者言其渊深通海，未必然也。 盖即老君台北向下坠处，至此则高深易位，丛辟交关，又成一境矣。 其内又连进两天门，路渐转而东北，内有"花瓶插竹"、"撒网"、"弈棋"、"八仙"、"馒头"诸石⑪，两傍善财童子⑫，中有观音诸像。 导者行急，强留谛视⑬，顾此失彼。 然余所欲观者不在此也。 又逾崖而上，其右有潭，渊黑一如獭子潭，而宏广更过之，是名龙江，其盖与獭子相通焉。 又北行东转，过"红毡"、"白毡"，委裘垂毯⑭，纹缕若织。 又东过"凤凰戏水"，始穿一门，阴风飕飕⑮，卷灯冽肌⑯，盖风自洞外入，至此则逼聚而势愈大也（叠彩风洞亦然，然叠彩昔无"风洞"之名，而今人称之，此中昔有风洞，今无知者）。 出此，忽见白光一圆，内映深壑，空濛若天之欲曙。 遂东出后洞，有水自洞北环流，南入洞中，想下为龙江者，小石梁跨其上，则宋相曾公布所为也⑰。 度桥，拂洞口右崖，则曾公之记在焉，始知是洞昔名冷水岩，曾公帅桂，搜奇置桥，始易名曾公岩，与栖霞盖一洞潜通，两门各擅耳。 余伫立桥上⑱，见涧中有浣而汲者⑲，余询："此水从东北来，可溯之以入否？"其人言："由水穴之上，可深入数里，其中名胜，较之外洞，路倍而奇亦倍之。 若水穴则深浅莫测，惟冬月可涉，此非其时也。"余即觅其人为导。 其人乃归取松明，余随之出洞而右，得庆林观焉。 以所负囊裹寄之⑳，且托其炊黄粱以待㉑。 遂同导者入，仍由隘口东门，过"凤凰戏水"，抵"红白二毡"，始由岐北向行。 其中有弄球之狮，卷鼻之象，长颈盎背之骆驼㉒；有土冢之祭，则猪鬣鹅掌㉓，罗列于前；有罗汉之燕㉔，则金盏银台㉕，排列于下；其高处有山神，长尺许，飞坐悬崖；其深处有佛像，仅七寸，端居半壁；菩萨之侧，禅榻一龛，正可跌跏而坐㉖；观音座之前，法藏一轮㉗，若欲圆转而行。 深处复有渊黑，当桥涧上流。 至此，导者亦不敢入，曰："挑灯引炬，即数日不能竟，但此从无入者，况当水涨之后，其可尝不测乎？"乃返，循"红白二毡"、"凤凰戏水"而出。 计前自栖霞达曾公岩，约径过者共二里，复自曾公岩入而出,约盘旋者共三里,然二洞之胜,几一网无遗矣。

【注释】

① 初二日:明崇祯十年(1637)五月初二日。② 静闻、顾仆:静闻是江阴县迎福寺的和尚,顾仆是徐霞客的姓顾的仆人,崇祯九年(1636)跟随徐霞客出游,十年九月静闻在广西病死,十二年(1639)八月顾仆怕艰苦逃回江阴。裹:包裹的"裹",但在这里只是携带的意思,不一定真是包裹着。③ 曹能始:明末文学家,名学佺,能始是他的字。④ 骞(qiān):高举、飞起。⑤ 堞(dié):城上的矮墙,亦称女墙。⑥ 扉(fēi):门扇。⑦ 鳃(sāi):此指鱼鳃。⑧ 澒洞(hòng dòng):弥漫无际。⑨ 松明:老松富油脂,劈成细条,点燃可以照明,叫"松明"。⑩ 更不记身之自上来也:这句话本作"更记身之自上来也",但讲不通,应掉了个"不",径行补入。⑪ 八仙:唐宋以来民间神话传说中的铁拐李、汉钟离、张果老、何仙姑、蓝采和、吕洞宾、韩湘子、曹国舅等八位神仙,到明代才固定下来说成是"八仙",这里的"八仙"大概就是指钟乳石的形象有点像这八位神仙。⑫ 善财童子:本是佛教中的一个菩萨,在我国成为观音菩萨的侍者。⑬ 谛(dì):仔细,注意。⑭ 裘(qiú):皮衣。⑮ 飕飗(sōu liú):风声。⑯ 冽(liè 列):寒冷。⑰ 曾公布:曾布,北宋后期的政治人物,曾知桂州(州治临桂今广西桂林),为静江军节度使,所以下文称他"帅桂",他后来做到宰相,所以称他为"宋相","公"也是对他的尊称。⑱ 伫(zhù):久立。⑲ 浣(huàn):洗濯。⑳ 橐(tuó):袋子,包

裹。㉑黄粱：粟米名，即黄小米，习惯上也把粗粝的米饭叫黄粱。㉒盎(àng)：充盈、鼓起来。㉓猪鬣(liè)：鬣本指长毛，猪毛不能吃，这猪鬣就是带毛的猪头。㉔燕：通"宴"，宴会。㉕盏(zhǎn)：浅而小的杯子。㉖趺跏(fū jiā)：本作"跏趺"，佛教中修禅者双足交迭的坐法。㉗法藏一轮：法藏，是指佛教的大藏经。法藏一轮，指佛教的"转轮藏"，设一个大转轮上放了些佛经，转动一圈等于把一藏佛经念一遍，可以大积功德，称为法轮。

【翻译】

　　初二日　早饭后，和静闻、顾仆带了蔬菜食粮，拿了卧具，往东走出浮桥门，过浮桥，又往东过花桥，从桥东往北转弯沿着山走（花桥东边有块小石突出在桥头，长长的溪流点缀着村落，往东特别逗人的心目）。山崎立在花桥东北，但从高耸险峻来说，反不如东南道旁的山峰，七星岩就在那里，距离浮桥只有一里多路。七星岩朝向西，岩下有个寿佛寺。就从寿佛寺的左边上山，先有个亭子盖在那里好似迎接客人，名叫摘星亭，是曹能始所修建并题的字。亭上有座石崖横空插出，上面仅仅可以落脚，但往下可以看到城墙西山，叫人感到非常畅快。左边就是佛寺，坐落在岩洞的入口处，进了寺内时还不知它就是七星岩。问寺里的和尚七星岩在什么地方，和尚推开后门引我进去，踏着台阶往上大约走了三丈远，因为洞口被房屋所掩盖，很黑暗，转向西北，中间豁然开朗，上面隆起，下面平坦，里面立着很多石笋，挂着很多石柱，爽朗而且通气透光，这就是上洞，也就是七星岩。从它的右边踏着台阶往下走，又进入了下洞，就是栖霞洞。洞宏伟开朗，洞门也是西北向，抬头看去既高大又光彩。洞顶横裂一条隙缝，有条石鲤鱼要从缝隙中悬空跳跃下来，鱼的头尾鳞鳃，即使用人工在石头上雕琢，也不能做到这么酷似。旁边的岩石盘结着蟠盖着，五光十色，分外灿烂。西北方一层层石台高高叠起，沿着石阶走上去，就是老君台。由老君台往北走，洞好像分成两个境界，往西去仍走在高台之上，往东去要沿着深壑前进。从台上走，进入一个洞门，直往北到达黑暗的地方，上面高得好像不见顶，下面陷成个深潭，空旷峭削，忽然间平坦变成了险峻。当时我先寻找好向导，他点着松明从洞底入洞，没有从台上走，所以没有跟上我们，不知道这里也照得看不清。于是走下台，仍来到洞底，叫向导拿了灯走在前头，沿着台的东壑中前进，才看到台壁有的紧凑，有的分裂，好似锦绣交错，备尽各种灵幻，叫人想不到自己就是从它上面走下来的。往正北走入了一天门，垂着石柱，单身一个人才能走过去。进去后，洞又变得隆高深远，左边横列着石栏，栏外陷下去既深又黑，不能见底，这就是獭子潭。向导说这个潭深得可以通到海，这就未必见得了。大概这就是老君台向北下坠的地方，到了这里，因为高深变换位置，有时集聚，有时开辟，又另成一种境界。往里又接连进入两个天门，道路逐渐转向东北，里面有"花瓶插竹"、"撒网"、"弈棋"、"八仙"、"馒头"等石，两旁有善财童子，中间有观音等像。向导走得急，硬要停下来仔细观看，总是顾此失彼。不过我所要看的并不在这些地方。再越崖往上走，右边有个深潭，深黑全同于獭子潭，宽广更超过，叫做龙江，大概和獭子潭是相通的吧。再往北走又向东转，经过"红毡"、"白毡",岩石像挂着的皮裘和毯子,上面的纹理好像真的织成一般。又向东经过"凤凰戏水",才穿过一个洞门,阴风飕飕,灯火被卷起来冷气透入肌骨,这是因为风是从洞外吹进来,到这里逼聚而使风势变得更大(叠彩山的风洞也是这样,但叠彩过去没有"风洞"之称,而现在人们称之为风洞,这个洞中过去有"风洞"之称,现在却没有人知道了)。走出此洞,忽然见到一团白光,往里映照深壑,空空濛濛好像天即将破晓那样。于是往东出了后洞,有条水自洞北环绕流过,向南流进洞里,估计流下去就成为龙江。有座小石桥横跨水上,是宋朝宰相曾公布所修建的。度过石桥后,拂拭洞口右面的崖壁,有曾公的题记,才知道这个洞过去叫冷水岩,曾公执政桂州时,搜寻奇景在这里设了石桥,才改名叫曾公岩,和栖霞洞应是一个洞暗中相通,两边洞门各擅其名。我在桥上停了好久,看见洞中有洗衣汲水的,我问他:"这条水从东北来,可不可以逆着水进入洞中?"那人说:"走水穴的上面,可以深入好几里,里面的名胜与外洞相比,路加倍长而奇景也加倍多。至于水穴则深浅莫测,只有冬月可以进入,现在不是时候。"我就请那人做向导。那人就回家取了松明,我随同他出了洞往右走,到达庆林观。把所带的包裹寄放在观里,并请做好饭等待我们。于是同向导走进去,仍从隘口的东门经过"凤凰戏水",到达"红白二毡",才从歧路往北走。这里有弄绣球的狮子,卷长鼻的大象,长颈子鼓着背的骆驼;有土冢祭祀,猪头鹅掌,罗列于前;有罗汉宴会,金盏银台,排列于下;高处有像山神的,长一尺左右,飞坐在悬崖之上;深处有像佛像的,只有七寸高,端坐在石壁半腰;菩萨的旁边,还有禅榻佛龛,正好趺跏而坐;观音座之前,有一个法轮,好像要圆转运行。深处又有渊呈黑色,在洞桥的上流。到了这里,向导也不敢再往里进去,说:"挑着灯点着火把,即使几天也走不到头,但到了这里从来没有人再进去,况且现在正当水涨之后,怎能冒不测之险?"于是返回,沿着"红白二毡"、"凤凰戏水"走出来。总计先前从栖霞洞到达曾公岩,大约径直走了二里路,再从曾公岩进去出来,大约盘旋了三里路,而两洞的胜迹,几乎一网打尽不再有遗漏了。

游象鼻山日记

象鼻山,在当时广西桂林府临桂县,即今广西省桂林市的南郊,因为山岩悬空伸下江水,像象鼻而得名,是当地一大名胜。

初九日① 余少憩寓中②。上午,南自大街一里过樵楼③,市扇欲书登秀诗④,赠绀谷、灵室二僧⑤,扇无佳者。乃从县后街西入宗室廉泉园⑥(廉泉丰仪修整,礼度谦厚,令童导游内园甚遍)。园在居右,后临大塘,远山近水,映带颇胜,果树峰石,杂植其中,而亭榭则雕镂缋饰⑦,板而无致也⑧。停憩久之,东南一里,过五岳观。又一里,出文昌门,乃东南门也,南溪山正对其前,转若一指,直上南过石梁,即东转而行,半里,过桂林会馆。又半里,抵石山南,行麓,则三教庵在焉。庵后为右军崖,即方信孺结轩处⑨,方诗刻庵后石崖上,犹完好可拓⑩。其山亦为漓山⑪,今人呼为象鼻山，与雉山之漓⑫，或彼或此，未知祖当谁左⑬。 山东南隅亦有洞，南向，即在庵旁而置栅锁，因土人藏萎其中也⑭。 洞不甚宽广，昔直透东北隅，今其后窍已叠石掩塞。 循石崖东北，遂抵漓江。 乃盘山溯行，从石崖危嵌中又得一洞⑮，北向，名南极洞，其中不甚深。 出其中前，直盘至西北隅，是为象鼻岩，而水月洞现焉，盖一山而皆以形象异名也。 飞崖自山顶飞跨，北插中流，东西俱高剜成门⑯，阳江从城南来，流贯而合于漓。 上既空明如月，下复内外漾波⑰，"水月"之称以此。 而插江之涯，下跨于水，上属于山，中垂外掀，有卷鼻之势，"象鼻"之称又以此。 水洞之南，崖半又辟陆洞，其崖亦自山顶东跨江畔，中剜圆窍，长若行廊，直透水洞之上，东西交穿互映之景，真为胜绝。 宋范石湖作铭勒窍壁以存⑱……⑲字大小不一，半已湮泐⑳，此断文蚀柬㉑，真可与范《铭》同珍，当觅工拓之，不可失也。 时有渔舟泊洞口崖石间，因令棹余绕出洞外㉒，复穿入洞中，兼尽水陆之观。 乃南行一里，渡漓江东岸，又二里，抵穿山下。 其山西与斗鸡山相对，山之西又有一峰危立，初望之为一，抵其下，始见竖石下剖，直抵山之根，若岐若合，亭亭夹立，盖山以脆薄飞扬见奇也，土人名为荷叶山，殊得之也。 穿山北麓，嘉熙拖剑之水直漱崖根㉓，循山而南，遂与漓合。 余始至其北，隔溪不得渡，望崖壁危悬，洞门或明或暗，纷纷错列，即渡亦不得上。 乃随溪南行，隔水东眺，则穿岩已转，不睹空明，而山侧成峰，尖若竖指矣。 又以小舟东渡，出穿山南麓，北面而登，拨草寻磴，登一岩，高而倚山半，其门南向，即穿岩矣。 而其内乳柱中悬㉔，琼楞层叠㉕，殊有曲折之致。由其左深入，则渐洼而黑，水汇于中，知非穿岩，乃出。由其右复攀跻而上，则崇岩旷然，平透山腹，径山十余丈，高阔俱五六丈，上若卷桥，下如甬道，中无悬列之石，故一望通明，洞北崖右有镌为"空明"者㉖。由其外攀崖东转，又开一洞，北向，与穿岩并列，而后不中通，内分层窦㉗。若以穿岩为皇堂，则此为奥室矣。穿岩之南，其上复悬一洞，南向，与穿岩叠起，而后不北透，内列重帏㉘。若以穿岩为平台，则此为架阁矣。凭眺久之，仍由旧路东下汇水岩。将南抵山麓，复见一洞，门亦南向，而列于汇水之东，其内亦有支窍，西入而隘黑无奇。时将薄暮，遂仍西渡荷叶山下。北二里，过河舶所㉙，溯漓江东岸，又东北行三里，北过訾家洲㉚，渡浮桥而返寓。

【注释】

① 初九日：明崇祯十年（1637）五月初九日。② 憩（qì）：休息。③ 樵楼："樵"通"谯"，"樵楼"就是"谯楼"，古时建筑在城门上用以瞭望的楼。④ 登秀诗：徐霞客登上独秀峰所做的诗，独秀峰在临桂城里，也是一个游览区。⑤ 绀（gàn）。⑥ 宗室：皇帝的同族人。⑦ 镂（lòu）：雕刻。缋（huì）：同"绘"，绘画。⑧ 板而无致：本作"板而无纹"，"无纹"和上面"雕镂缋饰"的话矛盾，应是"无缀"之误，"缀"今简化为"致"，这里姑且改为"无致"。⑨ 方信孺：南宋人，曾任广西转运使。⑩ 拓（tà）：把碑刻或器物上的铭文用纸墨传拓下来，这种技术在南北朝时就发明了。⑪ 漓（lí）。⑫ 雉山之漓：桂江上游漓江的沿岸有雉岩，《大

明一统志》说是漓山。⑬ 袒当谁左:"左袒"是偏护一方的意思,"袒当谁左"就是问究竟谁对。⑭ 蒌(lóu):蒌蒿,也就是白蒿。⑮ 嵌(qiàn):山石如张口貌。⑯ 剜(wān):挖。⑰ 潆(yíng):大水。⑱ 范石湖:南宋文学家范成大,石湖居士是他的号,曾知静江府兼广南西道安抚使,是这里的地方长官。⑲ ……:这里应脱漏一句,从下文看当是别人的题名之类,所以说虽"断文蚀柬,真可与范《铭》同珍"。⑳ 湮(yān):磨没。泐(lè):磨损。㉑ 柬(jiǎn):通"简",信札,名帖的统称。㉒ 棹(zhào):本是摇船用具,这里是动词作摇船讲。㉓ 漱(shù):这里是水冲荡的意思。㉔ 乳柱:溶洞中洞顶下垂的碳酸钙淀积物,叫"钟乳石",和石笋相接,形成石柱,叫"乳柱"。㉕ 琼(qióng):赤色玉,美玉。楞(léng):同"棱"。㉖ 镌(juān):凿,刻。㉗ 窦(dòu):孔穴。㉘ 帏(wéi):帐幕,这里是指溶岩像帐幕的模样。㉙ 河舶所:明代管收鱼税的机构。㉚ 訾(zī)。

【翻译】

初九日 我在寓所稍微休息了一会儿。上午,从南沿着大街走了一里过了樵楼,想买扇子书写登独秀峰的诗,赠送给绀谷、灵室两位和尚,可扇子没有好的。就从县的后街往西去宗室廉泉的园子(廉泉容貌端庄,仪表修整,谦厚有礼,叫童仆引导我在内园到处游览了一遍)。园在住房的右边,后面靠着大塘,远处有山近处有水,映带成趣,果树峰石,杂植园中,而亭榭则雕刻绘饰,板滞而欠工致。停下来休息了好一会儿,往东南走了一里,过五岳观。又走了一里,出文昌门,这是城的东南门,南溪山正对着门前,转过去一指之远,对直往上从南边过了石梁,就转往东前行,走了半里,过桂林会馆。再走半里,到石山南边。在山脚下走,有个三教庵就在这里。庵后是右军崖,就是方信孺建轩的地方。方做的诗刻在庵后的石崖上,仍完好可以传拓。这座山也叫漓山,现在人们叫它象鼻山,而雉山也称漓山,有人说这个是真漓山,有人说那个是真漓山,不知究竟谁对。山的东南角也有个洞,洞口朝南,就在三教庵的旁边而设有栅栏关锁,因为当地人把收下的蓣蒿藏在里面。洞不太宽广,过去直通到山的东北角,现在后面的洞口已经被叠起的石块堵塞住。沿着石崖往东北前进,就到达了漓江。于是绕着山逆着江水走,在石崖危嵌之处又找到一个洞,洞口朝北,名叫南极洞,洞里不太深。从洞中出来往前走,一直绕着山走到西北角,就到了象鼻岩,水月洞也出现在眼前,整座山都按照形状加以不同的名称。高崖从山顶飞跨,向北插入江水之中,东西两边都高高地挖空成为门的形状,阳江从城南流来,江流贯穿门洞汇合进漓江。门洞的上面空明好像圆月,下边里外都是水波,"水月"的名称就由此得来。而插入江中的那一边,下面跨在水里,上面连接漓山,中间低垂外边上掀,像卷鼻子的模样,"象鼻"的称呼又由此得来。水洞南边,石崖的半腰里又开了个陆洞,这个崖也从山顶向东跨到江边,中间挖成圆洞,长长的好像走廊一样,一直通到水洞的上边,东西交穿互相映照,真是绝妙的奇景。宋代范石湖写了篇铭刻在洞壁上保存下来……字大小不一,一半已磨损,这些断文蚀蚀,真该和范《铭》同样被珍视,应当寻找拓工拓下来,不可错失。这时有只渔船停在洞口的崖石间,就叫摇船载着我绕出洞外，又穿入洞中，看尽水陆的景色。之后又向南走了一里，渡过漓江到东岸，又走了二里，到穿山脚下。这山的西面与斗鸡山相对，山的西边又有一座峰挺立着，起初看过去以为是一座山，到了山下，才见到是竖着的石岩往下剖开，一直剖到山根，又像分又像合，亭亭夹立，以脆薄飞扬而称奇，当地人叫它为荷叶山，极为合适。在穿山北面山脚下，有嘉熙拖剑之水一直冲荡到崖根，沿着山向南流去，和漓江汇合。我起初到它的北边，隔着溪水无法渡过，望见崖壁高悬，洞门或明或暗，纷纷错列，即使渡过也无法上去。于是就随着溪水往南走，隔水向东望去，穿岩已经转向，不能看到它穿空透明，而山已侧看成峰，尖尖的好像竖起的手指了。又坐了小船东渡，到穿山的南边山脚下，向北登山，拨开草丛寻找石级，登上一个岩，很高大靠在半山腰，洞门向南，我以为就是穿岩了。洞里悬挂着乳柱，像成棱的美玉层层叠起，很有曲折的意态。由它的左边深入，则渐渐变得低洼黑暗，水汇聚在中间，我知道不是穿岩，就走了出来。从它右边再攀登上去，则是一座高岩，很开旷，平透过山腹，穿过山有十多丈，高和宽都有五六丈，上面像卷起的桥梁，下部好像通道，中间没有悬列的石柱，所以一望透明，在洞北崖壁的右边就刻有"空明"二字。从洞外攀着崖向东转，又有一个洞，洞口朝北，和穿岩并列，而洞后并不通透，洞里分成层层的孔穴。如果把穿岩作为高大的堂屋，那么这个洞就应当算是内室了。穿岩的南边，上面又悬着一个洞，洞口朝南，和穿岩相叠，而洞后往北不通透，洞里列有一层层的帏幕。如果把穿岩作为平台，那么这个洞应当算是架阁了。凭眺了好久，仍然从旧路往东下到汇水岩。将要南抵山脚时，又看见一个洞，洞口也是朝南，而列于汇水之东，洞里也有小洞，往西走进去，狭窄黑暗不足称奇。这时天快黑了，就仍往西渡到了荷叶山下。往北走了二里，过了河舶所，在漓江东岸逆水前进，再往东北走了三里，向北过訾家洲，渡过浮桥返回寓所。

黔 游 日 记

黔，是指当时贵州布政使司所管辖的地区，即今贵州省。这《黔游日记》是徐霞客在明崇祯十一年(1638)五十三岁时游贵州所写的日记。由于所记的内容多，这里只选译了其中游白水河瀑布和盘江桥的日记。

游白水河瀑布日记

白水河，发源于今贵州西部，往南注入北盘江，在流经当时贵州镇宁州州治安庄卫，即今贵州省镇宁布依族苗族自治县西南处，出现了大瀑布，这就是现在成为名胜的黄果树瀑布。

二十三日[①]　雇短夫遵大道南行。二里，从陇头东望双明西岩，其下犹透明而东也。洞中水西出流壑中，从大道下复西入山麓,再透再入,凡三穿岩腹,而后注于大溪。 盖是中洼壑,皆四面山环,水必透穴也。 又南逾阜,四升降,共四里,有堡在南山岭头。 路从北岭转而西下,又二里,有草坊当路,路左有茅铺一家。 又西下,升陟陇壑,共七里,得聚落一坞,曰白水铺,已为中火铺矣。 又西二里,遥闻水声轰轰,从陇隙北望,忽有水自东北山腋泻崖而下,捣入重渊,但见其上横白阔数丈,翻空涌雪,而不见其下截,盖为对崖所隔也。 复逾阜下,半里,遂临其下流,随之汤汤西去②,还望东北悬流,恨不能一抵其下。 担夫曰:"是为白水河,前有悬坠处,比此更深。"余恨不一当其境,心犹慊慊③。 随流半里,有巨石桥架水上,是为白虹桥。 其桥南北横跨,下辟三门,而水流甚阔,每数丈,辄从溪底翻崖喷雪,满溪皆如白鹭群飞,"白水"之名不诬矣④。 渡桥北,又随溪西行半里,忽陇箐亏蔽⑤,复闻声如雷,余意又奇境至矣。 透陇隙南顾,则路左一溪悬,捣,万练飞空,溪上石如莲叶下覆,中剜三门,水由叶上漫顶而下,如鲛绡万幅⑥,横罩门外,直下者不可以丈数计,捣珠崩玉,飞沫反涌,如烟雾腾空,势甚雄厉;所谓"珠帘钩不卷,匹练挂遥峰",俱不足以拟其壮也。 盖余所见瀑布,高峻数倍者有之,而从无此阔而大者,但从其上侧身下瞰,不免神悚⑦。 而担夫曰:"前有望水亭可憩也。"瞻其亭⑧,犹在对崖之上,遂从其侧西南下,复度峡南上,共一里余,跻西崖之巅。 其亭乃覆茅所为,盖昔望水亭旧址,今以按君道经⑨,恐其停眺,故编茅为之耳。 其处正面揖飞流,奔腾喷薄之状,令人可望而不可即也。 停憩久之,从亭南西转,涧乃环山转峡东南去,路乃循崖石级西南下。

【注释】

① 二十三日：明崇祯十一年（1638）四月二十三日。
② 汤（shāng）汤：大水急流的声音。③ 慊（qiàn）：遗憾，不满。④ 诬（wū）：欺骗。⑤ 箐（jīng）：竹名，一种细小的竹子。⑥ 鲛绡（jiāo xiāo）：绡是生丝织成的薄绸，"鲛绡"，是海里的所谓鲛人织成的绡，特别名贵，当然这只是神话。⑦ 悚（sǒng）：恐惧。⑧ 瞻（zhān）：视，望。⑨ 按君：巡按，明代派都察院的监察御史分别到各个布政使司管区考核吏治，叫巡按。这里称为"按君"是有礼貌的讲法。

【翻译】

二十三日　我雇个临时的挑夫沿着大路往南走。走了二里，从山陇上向东看到双明洞的西岩，岩下向东仍透出亮光。洞里的水从西面出来流入山壑，从大路之下流过又往西进入山脚下，再穿透山岩流出来，再流进去，总共三次穿过岩腹，然后注入大溪。这是因为这中间是个洼壑，四面都有山环绕着，流水必须透过山穴。再向南越过小山，四次升降，共走了四里路，有个堡在南山岭头。路再从北岭转而往西走下去。又走了二里，当路有个草坊，路旁还有个茅铺。再往西走下去，登陇过壑，共走了七里，来到了山坞中的一个村落里，叫做白水铺，已是中午打火吃饭的地方了。再往西走了二里，远远听到轰轰的水声，从山陇隙缝向北看去，忽看到有条水从东北山腰上冲泻下来，直冲进深渊，只见崖上挂着白水有几丈宽，翻空涌雪，而不见它的下截,这是被对面的山崖所阻隔的缘故。再过土山走下来,走了半里,就来到了它的下流,跟着汤汤的水流向西走去,回头看东北的悬流,无从亲自到它的下面去一看。挑夫说:"这是白水河,前面有瀑布飞坠之处,比这里更深。"可我因不能亲自去看东北的悬流,心里感到遗憾。跟着水走了半里,有座巨大的石桥架在水上,叫做白虹桥。这桥南北横跨,桥下开有三个洞,而水流很宽阔,流过几丈,就从溪底翻崖喷雪,满溪都像白鹭群飞,"白水"这个名称真没有欺骗人。走到桥北,又跟着溪水往西走了半里,忽然看到山陇上长满了箐竹,又听到如雷鸣一般的声音,我意识到又有个奇境来到。透过陇隙向南看去,只见路边有一条溪水悬空冲刷,好似万条白练当空飞舞,溪水上的岩石像莲叶般朝下覆盖着,中间挖成三个门,水从莲叶上漫泻下来,如同万幅鲛绡,横罩在门外边,直下的水流无法用多少丈来计算,捣珠崩玉,飞沫反涌,像烟雾腾空,气势十分雄厉;所谓"珠帘钩不卷,匹练挂遥峰"的诗句,都不足以形容这种壮观。我所见过的瀑布,有的高峻超过这里几倍,但从没有像这样宽阔宏大的,只从瀑布上面侧着身子往下看,就不免紧张恐惧。挑夫说:"前面有个望水亭可以休息。"看那个亭子,还在对面的山崖之上,就从瀑布的旁边向西南走下来,再越过山峡往南走上去,行了一里多路,登上了西崖的顶端。这亭子是用茅草覆盖的,是过去望水亭的旧址,现在因为巡按要经过这里,恐怕他会停下来游览,所以编结茅草把它重建起来。它正面对飞流,奔腾喷薄的气势,叫人可望而不可即。停下来休息了好一会儿,从亭子南边往西转,涧水环绕着山转过峡谷向东南流去,路则是沿着崖上的石级往西南下去。

游盘江桥日记

盘江桥,是架在北盘江上的铁索桥。北盘江源出云南省东部,流经贵州省西南部,和南盘江汇合称红水河,再流进广西省注入西江。盘江桥就架在它流经当时贵州永宁州州治即今贵州省晴隆县的东部地区。

二十五日① 晨起,自鼎站西南行……过白基观,观前奉真武,后奉西方圣人②,中颇整洁。时尚未午,驼骑方放牧在后③,余乃入后殿,就净几④,以所携纸墨,记连日所游,盖以店肆杂沓,不若此之净而幽也。僧檀波,甚解人意,时时以茶蔬米粥供。下午,有象过,二大二小,停寺前久之,象奴下饮⑤,瀕去⑥,象辄跪后二足,又跪前二足,伏而候升。既而驼骑亦过,余方草记甚酣,不暇同往。又久之,雷声殷殷,天色以云幕而暗,辞檀波,以少礼酬之,固辞不受。初,余以为去盘江止五里耳,至是而知驼骑所期旧城,尚在盘江上五里,亟为前趋。乃西向直下三里,有枯涧自东而西,新构小石梁跨之,曰利济桥。越桥,渡涧南,又西下半里,则盘江沸然,自北南注;其峡不阔而甚深,其流浑浊如黄河而甚急。万山之中,众流皆清,而此独浊,不知何故(余三见此流:一在武宣入柳江⑦,亦甚浊;一在三镇北罗木渡,则清;一在此复浊,想清乃涸时也)。循江东岸南行,半里,抵盘江桥。桥以铁索,东西属两崖上为经⑧,以木板横铺之为纬⑨。东西两崖,相距不十五丈，而高且三十丈，水奔腾于下，其深又不可测。初以舟渡，多漂溺之患，垒石为桥，亦多不能成。崇祯四年，今布政朱（名家民，云南人），时为廉宪⑩，命普安游击李芳先⑪（四川人），以大铁练维两崖，练数十条，铺板两重，其厚仅八寸，阔八尺余；望之飘渺，然践之则屹然不动⑫，日过牛马千百群，皆负重而趋者。桥两旁，又高维铁练为栏，复以细练经纬为纹。两崖之端，各有石狮二座，高三四尺，栏练俱自狮口出。东西又各跨巨坊：其东者题曰："天堑云航"，督部朱公所标也⑬；其西者题曰"□□□□⑭"，傅宗龙时为监军御史所标也⑮。傅又竖穹碑，题曰"小葛桥"，谓诸葛武侯以铁为澜沧桥⑯，数千百载，乃复有此，故云。余按：渡澜沧为他人，乃汉武故事，而澜沧亦无铁桥；铁桥故址在丽江，亦非诸葛所成者⑰。桥两端碑刻祠宇甚盛，时暮雨大至，不及细观。度桥西，已入新城门内矣。左转瞰桥为大愿寺，西北循崖上，则新城所环也。自建桥后，增城置所⑱，为锁钥之要云⑲。闻旧城尚在岭头五里，急冒雨竭蹶跻级而登⑳。一里半，出北门。又北行半里，转而西，逶迤而上者二里㉑，雨乃渐霁（新城内所上者峻，城外所上者坦），西逾坳，循右峰北转，又半里，则旧城悬岭后冈头矣。入东门，内有总府镇焉。其署与店舍无异，早晚发号用喇叭，声亦不扬，金鼓之声无有也㉒。

【注释】

① 二十五日：明崇祯十一年（1638）四月二十五日。

② 西方圣人:指佛,因为佛教产生在印度,在中国之西,所以称佛为西方圣人。③ 驼骑:驼是背负的意思,驼骑是供雇用来骑人或背负东西的马匹,有马夫率引。这里所说的是徐霞客在二十四日雇用的一匹驼骑。④ 几(jī):本是唐以前人习惯跪坐时用的长桌子,后来成为一般桌子的雅称。⑤ 象奴:饲养管理象的人。⑥ 濒(bīn):临近。⑦ 武宣:县名,隶属于广西柳州府,即今广西武宣县。柳江:源出今贵州省独山县,流入广西与红水河汇合。⑧ 经:织物的直线叫经,这里是借用。⑨ 纬:织物的横线叫纬,这里也是借用。⑩ 廉宪:明代各省设提刑按察使,主管一省司法,因元代有肃政廉访使,和按察使的职责差不多,所以对按察使也尊称为"廉宪"。⑪ 普安:当时贵州布政使司所属的普安州,州治即今贵州盘县。游击:游击将军,明代总兵官、副总兵、参将以下的武官,普安游击将军归镇守贵州总兵官管辖。⑫ 屹然:高耸貌,引申为坚定不可动摇。⑬ 督部朱公:督部本是总督的别称,但明代自嘉靖以后贵州已撤裁总督,只有巡抚,是否当时的布政使也可称为"督部",已弄不清楚,这朱公就是前面说过的布政使朱家民。⑭ □□□□:这四个字可能是徐霞客过后记不住了,所以空着。⑮ 傅宗龙:明后期的政治军事人物,崇祯四年(1631)任贵州巡按兼监军。⑯ 诸葛武侯:三国蜀汉的名相诸葛亮,封武乡侯,所以称诸葛武侯。澜沧桥:澜沧江上的桥,澜沧江是我国西南的大河,源出今青海唐古拉山,流经西藏、云南,出国境流经缅甸、老挝、泰国,在越南入海,叫湄公河。⑰ 铁桥故址在丽江,亦非诸葛所成者:丽江即今云南的金沙江,唐代吐蕃曾建有铁桥,并非诸葛亮所建。

⑱ 所：明代地方军事驻防机构，也叫千户所，设正千户、副千户为长官，属于卫指挥使司管辖，卫又属于该省都指挥使司管辖。⑲ 锁钥：军防重镇。⑳ 竭蹶(jué)：力竭颠蹶。㉑ 逶迤(wēi yí)：弯弯曲曲地前进。㉒ 金鼓：金是铜钲，钲和鼓都是军中发号施令用的东西。

【翻译】

　　二十五日　早晨起来，从鼎站这个地方往西南走……经过白基观，观的前半供奉真武帝君，后半供奉西方圣人，里面相当整洁。这时还未到中午，驼骑还在后面放牧，我于是进入后殿，就着干净的桌子，用携带的纸墨，写这几天的游览日记，因为店肆里乱糟糟的，不如这里清洁幽静。一位叫檀波的和尚，很会迎合人的心意，不断地用茶和蔬菜、米粥来招待。下午，有象经过，两头大的两头小的，在寺前停了好久，象奴从象背上下来饮水，临去时，象就先跪下后面两条腿，再跪下前面两条腿，伏着等待象奴骑上去。不久驼骑也过去，我正专心致志地写日记，顾不上一同走，再过了一会儿，雷声殷殷地响着，天色因多云暗起来，向檀波辞别，送一点礼物酬谢，他坚决辞却不接受。起初，我认为我去盘江只有五里路，这时才知道驼骑和我约会碰头的旧城，还在盘江以上五里，急忙赶路。就往西直下走了三里，有条从东向西干涸的山涧，新建的小石桥跨在上面，叫利济桥。过了桥，到涧南，又往西走下半里，只见盘江在翻腾着，从北向南流过去；盘江流过的峡谷虽不宽阔但很深，水像黄河那样浑浊但又流得很急。万山之中，多数水流都是清的，唯独盘江浑浊，不知是什么缘故（我有三次见到这条江；一是在武宣县和柳江汇合处,也很浑浊；一是在三镇北面的罗木渡,就很清；一是在这里又浑浊,想必见清是在水涸之时)。我沿着江的东岸往南走去,走了半里,到达盘江桥。桥用铁索,东西两头连山崖上作为经,用木板横铺在铁索上面作为纬。东西两岸的山崖,相距不到十五丈,而高将有三十丈,江水在下奔流,深得无法探测。最初用船渡,经常发生漂没溺毙的事情,垒石迭桥,也多不能成功。崇祯四年,现在的朱布政使(名家民,云南人),当时是廉宪,叫普安游击李芳先(四川人)用大铁链连接在两边山崖之上,铁链有几十条,在上面铺了两层木板,厚度只有八寸,宽有八尺多；望着桥觉得飘飘摇摇,可踏上去倒屹然不动,每天经过的牛马有千百群,都是背负重物行动的。桥的两旁,又高系铁链做栏,再用细铁链横竖交叉做成网。两崖的桥头,各有两座石狮子,高三四尺,栏链都从狮子的口中拉出来。东西两头又都建有巨大的牌坊:东面题的是"天堑云航",是督部朱公所写；西面的题字是"□□□□",是傅宗龙当时做监军御史所写。傅又竖立了一块高大的石碑,题了"小葛桥"三个字,意思是诸葛武侯用铁做澜沧江桥,数千百年之后,又有这个铁桥,因此才题上这几个字。我认为:渡澜沧江的是别人,是汉武帝时候的事情,并且澜沧江上也没有铁桥；铁桥的旧址在丽江,也并非诸葛亮所修造。桥两头的碑刻庙宇很多,这时天已晚又下大雨,来不及仔细观看。走到桥西,已经进入新城门里,向左转弯俯视着铁桥的是大愿寺,向西北沿着崖壁上去,就是新城所环绕的地方。自从建桥之后,在这里增筑新城,设置千户所,成为紧要去处。听说旧城还在岭头五里之处,急忙冒雨跌跌撞撞地踏着石级走上去。走了一里半,出了北门。又往北走了半里,转弯向西,弯弯曲曲地上去走了二里,雨渐渐停止(新城里登上去比较陡,城外登上去平坦),向西越过山凹,沿着右边的山峰往北转,又走了半里,旧城就高悬在岭后岗头之上。进入了东门,里面有总兵府镇守着。府署与客店没有什么两样,早晚发号用喇叭,声音也不响,此外再没有鸣金击鼓的声音了。

滇 游 日 记

滇,是指当时云南布政使司所管辖的地区,即今云南省。这《滇游日记》是徐霞客在明崇祯十一年(1638)五十三岁到十二年(1639)五十四岁时游云南所写的日记。所记内容特别多,篇幅特别长,这里只在游鸡足山和游大理的日记中各选译一小部分。

游鸡足山日记

鸡足山,位于当时云南大理府宾川州,即今云南省宾川县的西北,洱海的东北,山前面分出三支,后面伸出一支,很像鸡足,因此叫鸡足山,也简称为鸡山。明清时在山上大量兴建佛寺,成为西南的一大佛教胜地。这里选译徐霞客入山开头九天的日记。

二十二日① 昧爽，由江果村饭，溯溪北岸西行。其溪从西峡中来，乃出于鸡山南支之外，五福之北者，洱海东山之流也②。四里，登岭而北，寒风刺骨，幸旭日将升，惟恐其迟。盘岭而北一里半，见岭北又开东西坞，有水从其中自西而东，注于宾川大溪，即从牛井街出者。此坞名牛井，有上下诸村。其水自鸡足峡中来，所谓盒子孔之下流也。于是西向渐下，一里半而抵坞中。又西一里，过坞中村后，有坊曰"金牛溢井"，标胜也（土人指溪北冈头有井在石穴间，云是昔年牛从井出处也）。又西二里，复逾冈陟峡。盖其山皆自南突北，濒溪而止，溪东流漾之，一开而为炼洞，再开而为牛井，此其中突而界之者。盘峡而上，迤逦西北，再平再上，五里，越岭而复得坞。稍下一里半，有坊在坡，曰"广甸流芳"③。又一里半，复过一村后，此亦炼洞最东南村也。又北二里，有村夹道，有公馆在村头④，东北俯溪，是为炼洞之中村。其北二里，复上岭。二里，越之而北，有坊曰"炼法龙潭"，始知其地有蛰龙⑤，有炼师⑥，此炼洞所由名也。又北二里，村聚高悬，中有水一池，池西有亭覆井，即所谓龙潭也，深四五尺，大亦如之，不溢不涸，前濒于塘。土人浣于塘而汲于井⑦。此鸡山外鏊也，登山者至是，以为入山之始焉。其村有亲迎者，鼓吹填街，余不顾而过，遂西北登岭。五里，有庵当岭，是为茶庵。又西北上一里半，路分为二：一由岭直西，为海东道；一循峡直北，为鸡山道。遂北循之，稍下三里而问饭，发筐中无有，盖为居停所留也⑧。又北下一里，有溪自西南峡中出，其峡回合甚窅，盖鸡足南峡之山所泄余波也。有桥亭跨两崖间⑨，越其西，又北上逾岭。 一里，有哨兵守岭间。 又北一里，中壑稍开，是为拈花寺，寺东北向。 余馁甚，入索饭于僧。 随寺北西转，三里，逾冈之脊，是为见佛台。 由此西北下一里，又涉一北下之峡，又西逾一北下之脊，始见脊西有坞北坠，坞北始逼鸡山之麓。 盖鸡山自西北突而东南，坞界其中，至此坞转东北峡，路盘其东南支，乃谷之绾会处也⑩。 西一里，见有坊当道左，跨南山侧，知其内有奥异，讯之牧者，曰："其上有白石崖，须东南逾坡一里乃得。"余乃令行李从大道先向鸡山，独返步寻之。曲折东南上，果一里得危崖于松箐之间。 崖间有洞，洞前有佛宇，门北向，钥不得入。 乃从其西逾窒径之棘以入，遍游洞阁中。 又攀其西崖，探阁外之洞，见其前可以透植木而出，乃从之下。 一里，仍至大路。 又西北二里，下至坞中渡溪，是为洗心桥。 鸡山南峡之水，西自桃花箐、南自盒子孔出者，皆由此而东出峡，东南由炼洞、牛井而合于宾川者也。 溪北鸡山之麓，有村颇盛，北倚于山，是为沙址村，此鸡山之南麓也。 于是始迫鸡山，有上无下矣。 从村后西循山麓，转而北入峡中，缘中条而上一里，大坊跨路，为"灵山一会"坊，乃按君宋所建者。 于是冈两旁皆涧水泠泠，乔松落落。 北上盘冈二里，有岐，东北者随峡，西北者逾岭。 逾岭者，西峡上二里有瀑布。 随峡者，东峡上二里有龙潭。 瀑之北即为大觉，潭之北即为悉檀。 余先皆不知之，见东峡有"龙潭"坊，遂从之。 盘蹬数十折而上，觉深窅险峻，然不见所谓龙潭也。 逾一板桥，见坞北有寺，询之，知其内为悉檀，前即龙潭，今为壑矣。 时余期行李往大觉，遂西三里，过西竺、龙华，而入宿于大觉。

二十三日　饭于大觉，即东过悉檀。悉檀为鸡山最东丛林⑪，后倚九重崖，前临黑龙潭，而前则回龙两层环之。先是，省中诸君或称息潭⑫，或称雪潭，至是而后知其皆非也。弘辨、安仁二师迎饭于方丈，即请移馆。余以大觉遍周以足疾期晤，于是欲少须之⑬。乃还过大觉。西上一里，入寂光寺，住持者留点⑭。此中诸大刹⑮，惟此七佛殿左右两旁俱辟禅堂、方丈⑯，与大觉、悉檀并丽。又稍西半里，为水月、积行二庵，皆其师用周所遗也。

二十四日　入晤遍周，方留款⑰，而弘辨、安仁来顾，即恳移寓。遂同过其寺，以静闻骨悬之寺中古梅间而入⑱。问仙陀、纯白何在，则方监建塔基在其上也⑲。先是余在唐大来处遇二僧⑳，即殷然以瘗骨事相订㉑，及入山，见两山排闼㉒，东为水口，而独无一塔，为山中欠事。至是知仙陀督塔工，而未知建于何所。弘辨指其处正在回龙环顾间，与余意和。饭后，遂东南二里登塔基，晤仙陀。

【注释】

① 二十二日：崇祯十一年十二月二十二日（已进入公元1639年）。② 洱海：见后面的《游大理日记》。③ 甸：古代郭外称郊，郊外称甸。④ 公馆：这"馆"应是"馆驿"的"馆"，供传递公文和官员出行途中歇宿，因为是公家办的，所以叫"公馆"。⑤ 蛰（zhé）龙：被法术降住伏在地下的龙，这当然是神话。⑥ 炼师：旧时对某些道教徒的尊称，以为他们会修炼得道，有所谓法术。⑦ 浣（huàn，旧读

huǎn）：洗濯。⑧ 居停：借宿的处所。⑨ 桥亭：桥上盖有亭子的叫"桥亭"。⑩ 绾（wǎn）：控扼、总汇。⑪ 丛林：佛教名词，意即多数佛教徒聚居的寺，像众木相倚成林那样，所以叫"丛林"，一般就作为佛寺的雅称。⑫ 省中：省城里，也就是云南布政使司的治所昆明（今云南省昆明市）城里，明代虽叫"布政使司"而不沿袭元代用"省"这个名称，但习惯上称省城为"省"。⑬ 须：指等待；停留。⑭ 住持：主持寺院的和尚。⑮ 刹：本是佛塔顶部的装饰，后来也用来称佛塔、佛寺。⑯ 禅堂：佛寺中参禅的地方。⑰ 款：殷勤招待。⑱ 静闻骨：同行的静闻和尚在中途病死后，徐霞客要把他的遗骨送往鸡足山。⑲ 塔：这是指埋葬和尚遗骨的骨塔，建了供埋葬静闻遗骨之用。⑳ 唐大来：名泰，大来是他的字，徐霞客在云南府晋宁州（今云南晋宁东）结识的朋友，是当地有点名气的文人。㉑ 瘗（yì）：埋葬。㉒ 闼（tà）：小门。

二十五日　自悉檀北上，经无息、无我二庵。一里，过大乘庵，有小水二派：一自幻住东，一自兰陀东，俱南向而会于此，为悉檀西派者也。从二水之中蹑坡上二里余，东为幻住，今为福宁寺。西冈为兰陀。幻住东水，即野愚师静室东峡所下，与九重崖为界者。幻住西水，即与艮一兰陀寺夹坞之水①，上自莘野静室，发源于念佛堂，而为狮子林中峡之水也。循东冈幻住旁北向，一里，而得一静室，即天香者。时中无人，入讯莘野庐，小沙弥指在盘崖杳蔼间②，当危崖之西。乃从其后蹑崖上，穿林转磴，俱在深翠中。盖其地无乔松，惟杂木缤纷，而叠路其间，又一景矣。数十曲，几一里，东蹑冈，即野愚庐。西缘崖度峡，即莘野庐道。于是西向傍崖，横陟半里，有一静室高悬峡中，户扃莫入③，是为悉檀寺库头所结④。由其前西下兰陀寺，蹑其后而上，又半里，而得莘野静室。时知莘野在牟尼山，而其父沈翁在室，及至而其门又扃，知翁别有所过，莫可问。遂从其左上，又得一静室。主僧亦出，有徒在，询之，则其师为兰宗也。又问："沈翁何在？"曰："在伊室。"问："室何扃？"曰："偶出，当亦不远。"余欲还，以省中所寄书畀之。其徒曰："恐再下无觅处，不若留此代致也。"从之。又从左峡过珠帘、翠壁，蹑台入一室，则影空所栖也。影空不在，乃从其左横转而东一里，入野愚静室，所谓大静室也。有堂三楹横其前，下临绝壁，其堂窗槛疏朗⑤，如浮坐云端，可称幽爽。室中诸老宿具在⑥，野愚出迎，余入询，则兰宗、影空及罗汉壁慧心诸静侣也⑦。是日野愚设供招诸静侣⑧，遂留余饭。饭后，见余携书箧，因取箧中书各传观之。兰宗独津津不置，盖曾云游过吾地，而潜心文教者。既乃取道由林中西向罗汉壁，从念佛堂下过，林翳不知，竟平行而西，共一里半，有龛在磐石上，入问道，从其西南半里，逾一突嘴，即所谓望台也。此支下坠，即结为大觉寺者。望台之西，山势内逊，下围成峡，而旃檀林之静室倚之⑨。峡西又有脉一支，自山尖前拖而下，是为旃檀岭，即西与罗汉壁分界者。是脉下坠，即为中支，而寂光、首传寺倚之，前度息阴轩，东转而尽于大士阁者也。由望台平行而西，又二里半而过此岭。岭之西石崖渐出，高拥于后。乃折而北上，半里，得碧云寺。寺乃北京师诸徒所建，香火杂沓，以慕师而来者众也。师所栖真武阁，尚在后崖悬嵌处。乃从寺后取道，宛转上之，半里，入阁，参叩男女满阁中而不见师。余见阁东有台颇幽，独探之。一老僧方濯足其上，余心知为师也，拱而待之，师即跃而起，把臂呼："同声相应，同气相求⑩。"且诠解之⑪。手持二袜未穿，且指其胸曰："余为此中忙甚，袜垢二十年未涤。"方持袜示余，而男妇闻声涌至，膜拜不休⑫；台小莫容，则分番迭换。师与语，言人人殊，及念佛修果，娓娓不竭⑬。时以道远，余先辞出。见崖后有路可蹑，复攀援其上，转而东，得一峡上缘，有龛可坐，梯险登之，复下碧云庵，适慧心在，以返悉檀路遥，留余宿，主寺者以无被难之，盖其地高寒也。余乃亟下，南向二里，过白云寺，已暮色欲合。从其北傍中支腋行，路渐平而阔。二里，过首传寺，暗中不能物色。又东南一里余，过寂光，一里，过大觉。又东一里，过西竺，与大道别，行松林间，茫不可见。又二里，过悉檀前，几从龙潭外下，回见灯影，乃转觅，抵其门，则前十方堂已早闭不肯启，叩左侧门，乃得入宿焉。

二十六日 晨起饭。弘辨言："今日竖塔心为吉日，可同往一看。幸定地一处⑭，即可为静闻师入塔。"余喜甚。弘辨引路前，由龙潭东二里，过龙砂内支⑮。其腋间一穴，在塔基北半里，其脉自塔基分派处中悬而下。先有三塔，皆本无高弟也⑯。最南一塔，即仙陀、纯白之师。师本嵩明籍⑰，仙陀、纯白向亦中表⑱，皆师之甥，后随披剃⑲，又为师弟。师归西方⑳，在本无之前。本公为择地于此，而又自为之记。余谓辨公乞其南为静闻穴，辨公请广择之，又有本公塔在岭北，亦惟所命。余以其穴近仙陀之师为便，议遂定。静闻是日入窆㉑。

【注释】

① 艮（gèn）。② 小沙弥：小和尚。③ 扃（jiōng）：关锁。④ 库头：寺院中管库房的和尚。⑤ 櫺（líng）：窗户上的格子。⑥ 老宿：佛教徒对高僧的尊称。⑦ 静侣：山中修禅习静的和尚们。⑧ 供：佛教所说"供养"的简称，也是我们所说请吃饭的意思。⑨ 旃（zhān）。⑩ 同声相应，同气相求：是《易·乾卦》里的话，意为相同的声音可以互相应和，相同的气味可以互相融合。⑪ 诠（quán）解：详细解释。⑫ 膜拜：佛家的一种行礼式，举手加额，长跪拜倒，以表示极端恭敬。⑬ 娓（wěi）娓：说话连续不倦且动听。⑭ 幸：希望，请。⑮ 龙砂内支：龙是"龙穴"，砂是"砂水"，都是古代在野外山区看坟地吉凶所用的术语。"龙砂内支"和后面的有些话也是这类术语，当然这统统是迷信。⑯ 高弟：旧时指门人弟子中的才学优秀者，也称高足、高徒。这里是指佛门的高徒。⑰ 嵩明：州名，本属于云南府。即今云南省嵩明县。⑱ 中表：古代称父亲的姊妹（姑母）的儿子为外兄弟，称母亲的兄弟（舅父）姊妹（姨母）的儿子为内兄弟。外为表，内为中，合称"中表兄弟"。后称同姑母、舅父、姨母的子女之间的亲戚关系为"中表"，也就是今天所说的表兄弟，表姐妹。⑲ 披剃：僧尼依戒律规定，须剃除须发，披上袈裟，故通称出家为"披剃"。⑳ 归

西方：指和尚死去，到西方净土中继续修行并可享乐。
㉑ 窆（biǎn）：指落葬。

二十七日 （有缺文）余见前路渐翳，而支间有迹，可蹑石而上，遂北上攀陟之，屡悬峻梯空，从崖石间作猿猴升。 一里半，则两崖前突皆纯石，撑霄拔壑而起。自下望之，若建标空中①，自上凌之，复有一线连脊，又如琼台中悬，双阙并倚也②。 后即为横亘大脊，披丛莽而上，有大道东西横山脊，即东自鸡坪关山西上而达于绝顶者，因昔年运砖造城绝顶，开此以通驴马，余乃反从其东半里凌重崖而上。 然其处上平下嵌，俯瞰莫可见，不若点头峰之突耸而出，可以一览全收也。 其脊两旁皆古木深翳，通道于中，有开处下瞰山后，其东北又峙山一围，如箕南向，所谓摩尼山也③，即此山余脉所结者。 其西北横拖之支，所谓"后趾"也④，即南耸而起为绝顶者。 故绝顶自南壑望之，如展旗西立；罗汉九层之脊，则如展旗东立；自北脊望之，则如展旗南立；"后趾"之脊，则如展旗北立；此一山大势也。 若桃花箐过脊，又在绝顶西南峡中，南起为香木坪之岭，东亘为禾字孔之脊，与罗汉壁、点头峰南北峙为两界。 此在三距西南支之外，乃对山而非鸡足矣。 若南条老脊，自香木而南走乌龙坝、罗汉壁、点头峰，又其东出之支，非老干矣。 山后即为罗川地，北至南衙，皆邓川属⑤，与宾川以此山脊为界⑥。 故绝顶即属邓川，而曹溪、华首犹隶宾川焉。 若东北之摩尼，则北胜、浪沧之所辖⑦。 此又以山之东麓鸡坪山为界者也。 从脊直北眺，雪山一指竖立天外，若隐若现，此在丽江境内⑧，尚隔一鹤庆府于其中⑨，而雪山之东，金沙江实透腋南注⑩，但其处逼夹仅丈余，不可得而望也。由脊道西行，再降再起，五里，有路自南而上者，此罗汉壁东旃檀岭道也；交脊而西北去者，此循后趾北下鹤庆道也；交脊而东北下者，此罗川道也；随脊而西者，绝顶道也。于是再上，再纡而北，又二里余而抵绝顶之下，其北崖雪痕皑皑⑪，不知何日所积也。又南上半里，入其南门。门外坠壑而下者，猢狲梯出铜佛殿道；由北门出，陟后脊转而西南下者，束身峡出礼佛台，从华首门会铜佛殿道。而猢狲梯在东南，由脊上；束身峡在西北，由窨中⑫。此登顶二险，而从脊来者独无之。入门即迦叶殿，此旧土主庙基也⑬。旧迦叶殿在山半。岁丁丑⑭，张按君谓绝顶不可不奉迦叶，遂捐资建此，而移土主于殿左。其前之天长阁，则天启七年海盐朱按君所建⑮。后有观风台，亦阁也，为天启初年广东潘按君所建，今易名多宝楼。后又有善雨亭，亦张按君所建，今貌其像于中，后西川倪按君易名西脚蘧庐⑯，语意大含讥讽。殿亭四围，筑城环之，复四面架楼为门：南曰云观，指云南县昔有彩云之异也⑰；东曰日观，则泰山日观之义；北曰雪观，指丽江府雪山也；西曰海观，则苍山、洱海所在也⑱。张君于万山绝顶兴此巨役，而沐府亦伺其意⑲，移中和山铜殿运致之。盖以和在省城东，而铜乃西方之属⑳，能克木，故去彼移此。有造流言以阻之者，谓鸡山为丽府之脉㉑，丽江公亦姓木，忌金克，将移师鸡山，今先杀其首事僧矣。余在黔闻之，谓其说甚谬。丽北鸡南，闻鸡之脉自丽来，不闻丽自鸡来，姓与地各不相涉，何克之有?! 及至此,而见铜殿具堆积迦叶殿中,止无地以竖,尚候沐府相度,非有阻也。但一城之内,天长以后,为河南僧所主,前新建之迦叶殿,又陕西僧所主,以张按君同乡故,沐府亦以铜殿属之。惜两僧无道气,不免事事参商㉒,非山门之福也。余一入山,即闻河南、陕西二僧名,及抵绝顶,将暮,见陕西僧之叔在迦叶殿,遂以行李置之。其侄明空尚在罗汉壁西来寺。由殿侧入天长阁,盖陕僧以铜殿具支绝迦叶殿后正门,毋令从中出入也。河南僧居多宝楼下,留余晚供,观其意殊愤愤,余于是皆腹诽之㉓。还至土主庙中,寒甚,陕僧爇火供果㉔,为余谈其侄明空前募铜殿事甚悉,今现在西来,可一顾也。余唯唯。

【注释】

① 建标:指竖立物体作为标识记号。② 双阙(què):指古代宫殿、祠庙和陵墓前高的建筑物,通常左右各一,建成高台,台上起楼观。以两阙之间有空阙,故名阙或双阙。③ 摩尼山:今作牟尼山,在今云南永胜。④ 后趾:鸡足山前面三支,后面一支,后趾就指这后面一支,因为它像鸡脚的后趾。⑤ 邓川:州名,隶属于大理府,州治在鸡足山西,今云南大理白族自治州北部。⑥ 宾川:州名,隶属于大理府,州治在鸡足山东南,今云南宾川县南。⑦ 北胜:州名,隶属云南布政使司,州治所在今云南永胜。浪沧:即浪沧卫,也作澜沧卫,和北胜州治同城。⑧ 丽江:府名,隶属云南布政使司,府治通安州,即今云南丽江纳西族自治县。⑨ 鹤庆府:隶属云南布政使司,府治即今云南鹤庆。⑩ 金

沙江:指长江上游自今青海玉树巴塘河口到四川宜宾的一段。⑪ 皑(ái)皑:洁白貌,常用来形容霜雪。⑫ 霤(liù):本指屋檐下接水的长槽。此处则指被水流冲刷过的山隙。⑬ 土主:即土地神,古称社神。⑭ 丁丑:指崇祯十年(1637)。⑮ 天启:明熹宗年号,天启七年即公元1627年。⑯ 西川:地理上的习惯用语,指今四川成都及四周广大地区。蘧(qú)庐:旅舍。⑰ 云南县:大理府所属赵州的云南县,即今云南祥云。⑱ 苍山:即点苍山,在今云南大理西,洱海及漾濞江之间。洱(ěr)海:见本书《游大理日记》。⑲ 沐府:明开国功臣沐英平定云南后,子孙世袭黔国公,留昆明镇守,当地人称之为"沐府"。⑳ 铜乃西方之属,能克木:铜是金属,我国古代讲五行认为金西方,木东方,西方的金能克东方的木。㉑ 丽府:指云南丽江府的土司(土司是元明清几代西北、西南地区由少数民族首领世袭的地方官,是当时的专用名词)木氏,世袭丽江府知府,当地称之为"丽府"。㉒ 参(shēn)商:参、商原为二星名,此出则彼没,两不相见,故常用以比喻互不和睦。㉓ 腹诽:口里不说,心中不以为然。㉔ 爇(ruò):点燃。

二十八日 晨起寒甚,亟披衣从南楼观日出,已皎然上升矣①。 晨餐后,即录碑文于天长、善雨之间,指僵,有张宪副二碑最长②,独不及录。 还饭迦叶殿。 乃从北门出,门外冈脊之上,多卖浆瀹粉者③。 脊之西皆削崖下覆,岂即向所谓舍身崖者耶? 北由脊上行者一里,乃折而西下,过一敞阁,乃南下束身峡。 巨石双进④，中窞成坑⑤，路由中下，两崖逼束而下坠甚峻，宛转峡中，旁无余地，所谓"束身"也。下半里，得小坪，伏虎庵倚之。庵南向，从其前，多卖香草者，其草生于山脊。循舍身崖东南转，为曹溪、华首之道，绕庵西转，盘绝壁之上，是为礼佛台、太子过玄关。余乃先过礼佛台。有亭在台东，亦中圮，台峙其前石丛起中，悬绝壑之上。北眺危崖倒插于深壑中，乃绝顶北尽处也。其下即为桃花箐，但突不能俯窥耳。其东南壑中，则放光寺在焉。其西隔坞相对者，香木坪也。是台当绝顶西北隅悬绝处，凌虚倒影，若浮舟之驾壑，为一山胜处，而亭既倾敝，不容无慨。台之北，崖壁倒悬，磴道斩绝，而西崖之瞰壑中者，萼瓣上进⑥，若蒂斯启。遥向无路，乃栈木横崖端，飞虹接翼于层峦之上，遂分蒂而蹈，如入药房，中空外透，欲合欲分。穿其奥窟，正当佛台之下，乃外石之附内石而成者，上连下进，裂透两头。侧身而进，披隙而出，复登南台之上。仍东过伏虎，循岩傍壁，盘其壑顶。仰视矗崖，忽忽欲堕⑦，而孰知即向所振衣蹑履于其上者耶⑧？东南傍崖者一里余，有室倚崖，曰曹溪寺。以其侧有水一泓，在矗崖之下，引流坠壑，为众派之源，有似宗门法脉也⑨。稍下，路分为二：正道东南循崖平去；小径西下危坡。余睇放光在西南壑⑩，便疑从此小径为是，西循之。一里余，转而北逾一嘴，已盘礼佛台之下，其西北乃桃花箐路，而东南壑底，终无下处，乃从旧路返。二里，出循崖正道，过八功德水，于是崖路愈逼仄，线底缘嵌绝壁上，仰眺只觉崇崇隆隆而不见其顶，下瞰只觉窅窅冥冥而莫晰其根⑪，如悬一幅万仞苍崖图，而缀身其间，不辨身在何际也。 东一里，崖势上飞，高穹如檐，覆环其下，如户阈形，其内壁立如掩扉，盖其石齿齿，皆堕而不尽堕之余，所谓华首门也。 其高二十丈，其上穹覆者，又不知凡几，盖即绝顶观海门下危崖也。 门之下，倚壁为亭，两旁建小砖塔襄之，即经所称迦叶受衣入定处[12]，待六十百千岁，以付弥勒者也[13]。 天台王十岳（士性）宪副诗偈镌壁间[14]，而倪按院大书"石状奇绝"四字，横镌而朱丹之。 其效颦耶[15]？ 黥面耶[16]？ 在束身书"石状大奇"，在袈裟书"石状又奇"，在兜率峡口书"石状始奇"。 凡四处，各换一字。 山灵何罪而受此耶？ 又半里，矗崖东尽，石脊下垂，有寺倚其东，是为铜佛殿，今扁其门曰传灯寺。 盖即绝顶东突，由狮狲梯下坠为此，再下即迦叶寺，而为西南支发脉者。 寺东向，大路自下而来，抵寺前分两岐：由其北峡登寺后狮狲梯，为绝顶前门道，余昨从上所瞰者；由寺前循崖西转，过华首门，上束身峡，为绝顶后门道，余兹下所从来者。 盖寺北为峡，寺西为崖，寺后狮狲梯，由绝顶垂脊而下，乃崖之所东尽，而峡之所南环者也。 寺北有石峰突踞峡中，有庵倚其上，是为袈裟石。 余初不知其为袈裟石也，望之有异，遂不入铜佛殿而登此石，至则庵僧迎余坐石上。 石纹离披作两叠痕，而上有圆孔，僧指其纹为迦叶袈裟[17]，指其孔为迦叶卓锡之迹[18]。 即无遗迹，然其处回崖外绕，坠壑中盘，此石缀崖瞰壑，固自奇也。 僧瀹米花为献，甚润枯肠。 余时欲下放光、圣峰诸寺，而不能忘情于狮狲梯，遂循石右上，半里升梯。 梯乃自然石级，有叠磴痕可以衔趾，而痕间石芒齿齿，著足甚难。 脊左瞰即华首矗崖之上，右瞰即袈裟坠壑之端。

其齿齿之石，华首门乃垂而下，此梯乃错而上者，然质则同也。上半里，数折而梯尽，仍从峡上，问去顶迥绝，乃返步下梯，由铜佛殿北东下峡中。一里，横盘峡底，有庵当其中，所谓兜率庵也，已半倾。其后即绝顶与罗汉壁分支前突处。庵前峡复深坠，循庵横度，循左崖下半里，崖根有洼内嵌，前有巨树流荫并鹤崄居士诗碑⑲。其前峡遂深蟠，路从其上，又分为两：循右峡中西南下者，为迦叶寺、圣峰寺西支大道；循左崖下东向行者，为西来寺、碧云寺、罗汉壁间道。余时身随西峡下，而一步一回眺，未尝不神飞罗汉壁间也！下半里，为仰高亭，在悬峡中，因圮未入。既下，又半里，出峡，为迦叶寺，其门东向，中亦高敞，此古迦叶殿，近因顶有新构，遂称此为寺云。入谒尊者，从其前南向循岐而下。其路峻而大，两丐者覆松为棚。曲折夹道数十折，一里余而至会灯寺，寺南向，入谒而出。东下半里，有岐西去者，放光寺道也。恐日昃不及行⑳，遂不西向而东趋。其路坦而大，一里，为圣峰寺。寺东向，踞分支之上，前有巨坊，后有杰阁，其势甚雄拓；阁祀玉皇㉑，今皆以玉皇阁称之。从此北瞻，西来寺高缀层崖之上，屏霞亘壁，飘渺天半，其景甚异。出寺东随陇行，二里，过白云寺。又从其右东行一里半，过慧林庵，则左右两溪合于前而陇尽，遂渡其左峡，东过大觉寺蔬园。一里，从息阴后逾中支之脊，从千佛阁前观街子。街子者，惟腊底集山中，为朝山之节㉒。昔在石钟寺前，今移此，以近大觉，为诸寺之中也。由街子东半里，过西竺寺，又二里余，入悉檀。具餐后，知沈公（莘野乃翁）来叩，尚留待寺间，亟下楼而沈公至，各道倾慕之意。时已暮,寺中具池汤候浴,遂与四长老及沈公就浴池中㉓。池以砖甃,长丈五,阔八尺,汤深四尺,炊从隔壁釜中㉔,竟日乃温。浴者先从池外挽水涤体,然后入池,坐水中浸一时,复出池外,擦而涤之,再浸再擦,浸时不一动,恐垢落池中也。余自三里盘浴后,入滇只澡于温泉,如此番之浴,遇亦罕矣。

【注释】

① 皎(jiǎo):洁白光明。② 宪副:明代都察院有左右都御史、左右副都御史,副都御史通称"宪副"。③ 瀹(yuè):用汤煮东西。④ 迸(bèng):喷射;涌出。⑤ 窌(liù):穴。⑥ 萼(è):花萼。⑦ 忽忽:飘忽不定貌。⑧ 振衣:抖擞衣服。⑨ 宗门法脉:佛教禅宗自称"宗门",传授的弟子叫"法嗣"或"法脉",前面所说的"曹洞"则是明代禅宗中最兴盛的一派,这里是说这道泉水是众水之源,像宗门的法脉一般,所以把寺称为曹溪寺,以表示是曹洞法脉的意思。⑩ 睇(dì):斜视。⑪ 晰(xī):清楚、明白。⑫ 迦叶:佛教创始人释迦牟尼十大弟子之一。受衣:接受法衣,禅宗认为继承者才有资格接受这法衣。入定:佛教徒坐禅时,进入安静不动的所谓"禅定"状态,叫"入定"。⑬ 弥勒:就是佛教中所说的慈氏菩萨,说他经过极长远的时间之后,要到这个世界上来继承释迦牟尼成佛。⑭ 偈(jì):佛教术语,也叫"颂",即佛经中的唱词,这里是指用诗的形式写成的偈。⑮ 效颦:颦,皱眉。《庄子·天运》载有丑妇效西施捧心皱眉的故事,意谓不配仿效而仿效,显得更丑。⑯ 黥(qíng)面:古代的一种肉刑,用刀刺刻额颊等

处,再涂上墨,便永远擦不掉。⑰ 袈裟:就是前面所说的法衣。⑱ 卓锡:卓是立的意思,锡是锡杖,和尚出外所用,因而称和尚在某地居住为"卓锡"。⑲ 巨树流荫:流水上有大树遮荫的意思,可能这也是崖上刻着的四个字。鹤峋居士:居士通常指在家修行而又受过三归五戒的佛教徒,此人自称鹤峋居士,姓名已不可考。⑳ 昃(zè):日西斜。㉑ 玉皇:玉皇大帝。㉒ 朝山:佛教徒到名山大寺进香拜佛,称为朝山。㉓ 长(zhǎng)老:佛教徒对住持僧的尊称。㉔ 釜(fǔ):炊器,锅。

二十九日　饭于悉檀,同沈公及体极之侄同游街子。 余市鞋,顾仆市帽,遇大觉遍周亦出游,欲拉与俱。 余辞岁朝往祝①,盖以其届七旬也。 即午,沈公先别去,余食市面一瓯②。 一里余,从大乘庵上幻住,一里,入幻住,见其额为福宁寺,问道而出,犹不知为幻住也。 由其右过峡西北行,一里而入兰陀寺。 寺南向。由正殿入其东楼,艮一师出迎。 问殿前所卧石碑,曰:"此先师所撰迦叶事迹记也③。"昔竖华首门亭中,潘按君建绝顶观风台,当事者曳之顶④,将摩镌新记,艮一师闻而往止之,得免,以华首路峻不得下,因纤道置此。余欲录之,其碑两面镌字,而前半篇在下。 艮一指壁间挂轴云:"此即其文,从碑膯写而出者。"余因低悬其轴,以案就录之。 艮一供斋⑤,沈公亦至。 斋后,余度文长不能竟,令顾仆下取卧具,令沈公先上其庐,当明日往叩也。 追暮,录犹未竟,顾仆以卧具至,遂卧兰陀禅榻。顾仆传弘辨、安仁语曰："明日是除夕，幸尔主早返寺，毋令人悬望也。"余闻之，为凄然者久之。

三十日 早起，盥栉而莘野至⑥，相见甚慰。同饭于兰陀。余仍录碑，完而莘野已去。遂由寺循脊北上，其道较坦。一里，转而东，一里，出莘野庐前小静室。又半里，而入莘野楼，则沈公在而莘野未还。沈公为具食，莘野适至，遂燕其楼⑦。父子躬执爨⑧，煨芋煮蔬，甚乐也。莘野恳令顾仆取卧具于兰陀，曰："同是天涯，何必以常住静室为分⑨？"余从之，遂停寝其楼之北楹。其楼东南向，前瞰重壑，左右抱两峰，甚舒而称。楼前以桫松连皮为栏⑩，制朴而雅，楼窗疏，棂洁净，度除夕于万峰深处，此一宵胜人间千百宵。薄暮，凭窗前，瞰星辰烨烨下垂⑪，坞底火光远近纷拏⑫，皆朝山者，彻夜荧然不绝⑬，与瑶池月下⑭，又一观矣。

【注释】

① 岁朝（zhāo）：农历正月初一。② 瓯（ōu）：装酒或食物的小盆。③ 先师：已去世的师父。④ 曳（yè）：牵引，拖。⑤ 斋（zhāi）：佛教徒吃的斋食，是不带动物油荤的素食。⑥ 盥（guàn）：洗（脸、手）。栉（zhì）：梳头发。⑦ 燕：通"宴"。⑧ 爨（cuàn）：烧火煮饭。⑨ 常住：佛教用语，这里说的实际上是所谓"常住常住"即"常住物"中的"常住物"。如寺舍、厨库、用具、花果、树林、田园、仆役、牲畜之类，是佛寺的公有财产而不能分掉的。这里用"常住"来指兰陀寺的住房，是寺所公有，和莘野私人建造的静室性质不一样。⑩ 桫（suō）松：应是松树的一种，也许是当时当地的

叫法,现已弄不清楚。⑪烨(yè)烨:这里指光芒闪烁。⑫纷挐(rú):同"纷拏",纷乱的意思。⑬荧(yíng):本是光微弱闪烁的意思,这里泛指火光。⑭瑶池月下:瑶池本指神话中昆仑山上的池,西王母就住在这里,后来把"瑶池月下"用来指富丽的夜景。

【翻译】

二十二日　黎明,在江果村吃了饭,逆着溪水在北岸往西走。这条溪水从西峡流过来,是出于鸡足山南支之外,五福山之北,洱海东山的水流。走了四里,登上岭往北走,寒风刺骨,幸好太阳即将升起,只怕它升得太迟。在岭盘旋往北走了一里半,看到岭北又分成东西两坞,有条水在两坞之间从西往东流,流入宾川大溪,这就是从牛井街流出的。这个坞名叫牛井,有上下几个村子。水从鸡足山峡中流来,是所说的盒子孔的下游。于是往西渐渐走下去,走了一里半到达坞里。又往西走了一里,走过坞里的村落的后边,有个牌坊题着"金牛溢井"四个字,标榜这里是个名胜之地(当地人指着溪北冈头有口井在石穴里,说就是当年井里有头牛跑出来的地方)。又往西走了二里,再翻越山冈走过山峡。这座山全部是从南往北突起,到溪水而止,溪水东流在这里回绕,一开成为炼洞,再开成为牛井,而山从中突起把它分隔开。盘绕山峡往上走,曲折地向西北前进,再平着走再往上,走了五里,越过山岭又是山坞。稍微往下走了一里半,有个牌坊在坡上,写着"广甸流芳"。又走了一里半,再经过一个村子的后边,这也就是炼洞最靠东南的村子了。又往北走了二里,夹着路有个村落,有个公馆在村头,东北俯临溪流,是炼洞的中村。由此往北走了二里,再登上岭。走了二里,越过岭往北走,有个牌坊写着"炼法龙潭",才知道这地方有蛰伏的龙,有炼师,这就是炼洞名称的由来。又往北走了二里,高处有个村落,村中有一水池,池西有亭子覆盖着井,就是所谓的龙潭,井深四五尺,大也有四五尺,水不溢出来也不干涸,前边靠近池塘。当地人在塘里浣洗而从井里汲水喝。这就是鸡足山的外壑,登山的人到了这里,才认为是进山的起点。村中正有迎亲的人群,鼓乐吹打充塞街头,我看都没看走过村子,往西北登上岭。走了五里,有个庵在岭上,叫茶庵。再往西北向上走了一里半,路又成二条:一条从岭直向西去,是去海东的路;一条沿峡直向北去,是去鸡山的路。我沿向北的路走,稍稍向下走了三里想吃饭,打开筐子却一无所有,大概是被借宿的人家留下了。又向北往下走了一里,有条溪水从西南峡谷中流出,峡谷深幽弯曲,是鸡足山南边峡谷所流泻的余波。有个桥亭横跨两崖之间,过桥亭到西崖,再北上过岭。走了一里,有哨兵守卫在岭间。再往北走了一里,山随着壑稍稍分开,有个拈花寺,寺门向东北开。我饿得很,进寺向和尚要了些饭吃。然后从寺的北面往西转,走了三里,越过冈脊,到见佛台。从这里往西北走下去一里路,又涉过一道北边下来的峡谷,再往西越过一道北边下来的山脊,才看见山脊西边有个山坞往北低下去,坞的北边就接近鸡足山脚下。鸡足山从西北突起走向东南,坞界于其中,到这里坞转向东北峡谷,路盘旋在山的东南支脉上,正是峡谷的总汇之处。往西走一里,看到路旁有个牌坊,跨在南山下,知道其中会有奇奥,询问放牧的人，他说："上面有白石崖，往东南越过山坡走一里路可到。"我叫挑行李的从大路先去鸡足山，独自转身寻访白石崖。往东南曲折地走上去，走了一里果然见到有个危崖在松竹之间。崖间有个洞，洞前有个佛寺，寺门朝北，锁着不得进去。就从寺西边穿过塞满荆棘的小路走进去，在洞阁中到处游览。又攀上西边的山崖，看了阁外的洞，看到洞前可以穿过树丛往外走，就从这里下来。走了一里，仍回到大路上。又往西北走了二里，下到坞中渡过溪水，有桥叫洗心桥。鸡山南边峡谷的水，西从桃花箐、南从盒子孔流出的，都从这里向东流出峡谷，再向东南经过炼洞、牛井汇合于宾川。溪北鸡山脚下，有个村落很热闹，它北靠鸡足山，叫沙址村，这里已是鸡山的南边山脚下。就要进入鸡足山，只有往上走而没有下坡路了。从村后往西沿山脚走，转向北进入峡谷，顺着峡中往上走了一里，有座大牌坊横跨路上，即"灵山一会"坊，宋巡按君所建立。这时山冈两旁尽是泠泠的涧水、落落的乔松。往北盘旋在山冈上走二里，路分成两条，往东北的沿着峡谷，往西北的越过山岭。越山岭的路，往西峡上二里处有瀑布。沿峡的路，往东峡上二里处有龙潭。瀑布的北边是大觉寺，龙潭的北边是悉檀寺。我原先都不知道，看到东峡有个写着"龙潭"的牌坊，就从这里上去。盘旋曲折几十次往上走，只觉山深路险，却看不到所谓龙潭。过一条板桥，看到坞北有个佛寺，询问后，才知道里边是悉檀寺，前面就是龙潭，现在已成为山壑了。当时我行李已叫人送往大觉寺，就往西走了三里，过了西竺、龙华，进大觉寺歇宿。

二十三日　在大觉寺吃了饭，就往东去悉檀寺。悉檀寺是鸡足山最东的佛寺，后面靠着九重崖，前面俯临黑龙潭，再前面有两重山像回龙一般环绕着。先前，省城的朋友中有的称它为息潭，有的称它为雪潭，到这里才知道都错了。弘辨、安仁两位和尚在方丈中备了饭迎接我，还请我搬过来住。我因为大觉寺的遍周和尚因患足疾约定要我去见面，所以准备过些时候再说。于是返回大觉寺。往西走上一里，进入寂光寺，寺中住持留吃点心。这山里的各个大寺，只有这里的七佛殿左右两旁都建有禅堂、方丈，和大觉、悉檀二寺同以庄丽著称。又稍往西走半里，是水月、积行二庵，都是他的师父用周和尚所留下来的。

二十四日　进去和遍周和尚晤谈，正留我款待，弘辨、安仁两位来访，又恳请我搬过去。于是一同前往悉檀寺，把静闻的遗骨挂在寺中古梅树上然后走去。询问仙陀、纯白两位和尚在哪里，回答是正在上面监建塔基。先前我在唐大来那里遇到这两位和尚，就曾殷切地约好要埋葬静闻的遗骨，等到进入山中，看到两山对门，东边是水口，却唯独没有个塔，可说是山里的缺陷。现在知道是仙陀正在监督塔工，但还不知道建在哪里。弘辨指着说塔就建在山势回龙环绕之处，同我的想法正好一致。吃完饭后，便往东南走了二里登上塔基，和仙陀见面。

二十五日　从悉檀寺往北走上去，经过无息、无我两庵。走了一里，经过大乘庵，有两条小水：一条来自幻住寺东，一条来自兰陀寺东，都向南流而汇合在这里，成为从悉檀寺西流的水。从二水之间踏着山坡向上走二里多，东边是幻住寺，如今叫福宁寺。西边冈上是兰陀寺。幻住寺东边的水，就是从野愚和尚静室东边山峡里流下的，和九重崖分界。幻住寺西边的水，就是和艮一和尚的兰陀寺夹坞的水，上边从莘野和尚的静室流出，发源于念佛堂边，而成为狮子林中峡的水。沿着东冈幻住寺旁往北走，走了一里，看到一个静室，是天香和尚的。这时天香没有在静室，进去询问莘野的静室，小和尚指着说在盘崖杳蔼之间，正当那危崖的西边。就从后面踏着山崖上去，穿过树林转上石级，一路都在翠枝碧叶之中。这里没有高大的松，只有缤纷的杂树，其中小路重叠，又成为一种景色。走了几十个曲折，差不多有一里路，往东上了山冈，就是野愚的静室。往西沿着山崖越过峡谷，就是去莘野静室的路。于是往西贴着山崖，横过去走了半里路，有个静室高悬在峡中，门锁着进不去，是悉檀寺库头所建造的。从它前面往西下到兰陀寺，从寺后上坡，又走了半里，到莘野的静室。当时得知莘野在牟尼山，他的父亲沈翁在室中，等我来到，门又是锁着，知道沈翁是到别处去了，没有人可问。就从室的左边上去，又见到个静室。主管的和尚也出去了，只有徒弟在，询问他，知道他师父是兰宗。我又问："沈翁在哪里？"回答说："在他的静室里。"我问："门为什么锁着？"回答说："偶尔离开一下，但不会走得太远。"我准备转回去，要把省城里寄的信交给沈翁。那个徒弟说："恐怕再下去也没有地方寻见，不如留在这里代你转交。"我听从了。又从左边山峡过了珠帘、翠壁，踏上台阶进入一个静室，就是影空住的地方。影空不在，就从左边横转向东走了一里，进入野愚的静室，就是所说的大静室。有堂三楹横列在前边，堂下就是陡壁，堂盖得窗户明净，就像浮坐在云端似的，可称幽爽之至。室内各位老宿都在，野愚出来迎接我，进去一问,才知道他们就是兰宗、影空和罗汉壁的慧心等静侣。这天野愚设供招来各位静侣,就留我吃饭。饭后,他们见我携带书箧,就取出箧中书信相互传看。只有兰宗津津有味地不放手,因为他曾云游到过我家乡,而且对文教颇为关心。我从树林中往西去罗汉壁,从念佛堂下边走过,树林遮蔽了道路,竟平行着往西走去,共走了一里半路,见有个龛坐落在磐石上,进去问了路,从龛的西南走了半里,越过一个突出的山嘴,就是所谓望台。这支山脉低下去的地方,就是大觉寺的所在。望台的西边,山势中间略低,朝下围成峡谷,旃檀林的静室紧靠在这里。峡的西边又有一支山脉,从山尖前边拖沿下去,叫做旃檀岭,就是和西边罗汉壁分界的岭。这条山脉低斜下去,就成为中间一支,寂光寺、首传寺紧靠着它,往前经过息阴轩,往东转以大士阁为尽头。从望台平着往西走,又走了二里半过了这旃檀岭。岭的西面石崖渐渐显露出来,高拥在后边。于是转折往北走上去,走了半里,到达碧云寺。寺为北京来的和尚的徒弟们所建造,香火杂沓,因为仰慕这位和尚而前来的人很多。这位和尚居住的真武阁,还在后崖悬嵌之处。就从寺后前去,曲折地往上走,走了半里,进入真武阁,参谒叩拜的男男女女挤满阁中却不见这位和尚。我见阁东有个台很幽静,就独自前去探看。看到一位老和尚正在上边洗脚,我心想就是这位和尚,便拱手等待他。和尚马上一跃而起,拉了我的手喊道:"同声相应,同气相求。"并解释这句话的含义。他手里拿着两只袜子没有穿上,指着他的胸膛说:"我为这里边忙得很,袜子的污垢二十年没顾得上洗涤。"他正拿着袜子让我看,男男女女已闻声蜂拥而至,膜拜不休;台太小容纳不下,就分批轮换。和尚对他们谈话,对每个人谈的都不一样,谈到念佛修行,娓娓不绝。当时因路途还远,我就先告辞了。看见崖后有路可登,又攀援上去,转而向东,见到一山峡上边,有龛可坐,踏着险路爬上去,再下来到碧云庵。正好慧心和尚在,因返回悉檀寺路远,要留我住宿,但住持因没有被子为难,因为这里地势高很寒冷。我就赶快下山,往南走了二里,过白云寺,已是暮色欲合。从寺北沿着中支的山腰走,道路渐渐平坦宽阔。走了二里,过首传寺,已暗得看不清东西了。再往东南走了一里多,过寂光寺,再走一里,过大觉寺。又往东走一里,过西竺,离开大路,走进松林里,茫茫地什么也看不见了。又走了二里,经过悉檀寺前,几乎再要向龙潭外边的山壑走下去,回头望见灯影,才转回来寻找,到了悉檀寺门口,前面的十方堂早已关闭不肯开门,敲开了左边的门,才得以进入歇宿。

二十六日　早晨起来吃了饭。弘辨说:"今日竖立塔心是吉日,可以同去看看。请定好一处地方,就可为静闻和尚入塔安葬。"我非常高兴。弘辨在前边引路,从龙潭往东走二里,过龙砂内支。山腋处有个洞穴,在塔基之北半里以外的地方,它的脉从塔基分派处中悬而下。已先有三个塔,都是本无和尚的高徒。最南边的一个塔,就是仙陀、纯白的师父。这位师父原籍嵩明,仙陀、纯白从前也是表兄弟,都是师父的外甥,后来跟随师父披剃出家,又成为师兄弟。这位师父去世归西,在本无和尚之前。本无和尚为他在这里选择了葬地,并亲自写了塔记。我向弘辨讲要在它的南边做静闻的葬穴,弘辨说还可再多挑一下,本无的塔在岭北，如果认为好也可照办。我认为静闻的葬穴靠近仙陀的师父更好，就此商定。静闻在这天入葬。

二十七日 （有缺文）我看到前面的道路渐渐被树林遮蔽，而山支之间有人走过的痕迹，可以踏了崖石上去，就往北向上攀登，多次的身悬险峻足梯青空，从崖石间如猿猴一般升上去。这样登了一里半，两边山崖向前突出全都是石质，撑霄拔壑而起，从下面仰望，好像在天际建起高标，从上面俯视，有一线相连的山脊，又好像琼台悬中，双阙并倚。后面即是横亘的大山脊，从丛林草莽中披拨而上，有一条大路东西向横在山脊上，就是从东边的鸡坪关往西上去到达最高顶的路，因从前运砖在高顶筑城，开了这条路来通行驴马，我却反而从它往东半里远的地方攀登重崖而上。但那里上面平坦下面凹嵌，低下头什么都看不见，不如点头峰高耸突出，可以一览无余。那山脊的两旁都有古树深蔽，道路从其中通过，从未被遮蔽的敞开处往下看山的后边，在东北方又围着一道山，像簸箕般向着南方，就是所谓摩尼山，是鸡足山的余脉所结成。它的西北横拖的一支，就是所谓的"后趾"，是向南耸起的最高顶。因此从南壑望最高顶，像展开的旗帜立在西边；罗汉壁九层的山脊，则像展开的旗帜立在东边；从北面山脊上望最高顶，则像展开的旗帜立在南边；"后趾"的山脊，则像展开的旗帜立在北边；这就是整个山势的大概。如果从桃花箐越过山脊，又到了最高顶西南的峡谷里，南面耸起的是香木坪的山岭，东面横亘的是禾字孔的山脊，和罗汉壁、点头峰南北对峙成为两大分界。这是鸡足山三支的西南支之外，是对立的山脉而并非鸡足山的一支。至于南条老脊，从香木坪向南伸延到乌龙坝、罗汉壁、点头峰，又是鸡足山向东分出的一支，不是主干。鸡足山后即是罗川地界，往北到南衙，都隶属于邓川，与宾川以这一山脊为分界。因而最高顶属于邓川，而曹溪、华首仍隶属宾川。至于东北的摩尼山，则同为北胜州、浪沧卫所管辖，而又以摩尼山东麓的鸡坪山作为分界。从鸡足山脊向正北远望，雪山如同一指竖立天外，若隐若现，这雪山在丽江府境内，和鸡足山还隔着一个鹤庆府，而雪山东面，金沙江穿透山腋向南流注，但穿透之处被山夹逼仅有一丈多宽，就无从看到了。从山脊上的路往西走，再下再上，走了五里，有条路从南边上来，这就是去罗汉壁东面旃檀岭的路；横过山脊而向西北去的，是沿后趾往北去到鹤庆府的路；横过山脊向东北方下去的，是去罗川的路；沿着山脊向西的，是登上最高顶的路。于是再上去，再纡回向北，又走了二里多路到达最高顶的下面，它的北崖雪痕皑皑，不知是什么时候积下的。再往南走上半里，进入它的南门。门外向山壑落下去的地方，是从猢狲梯去铜佛殿的路；从北门出去，登后山脊转往西南下去的，是从束身峡出礼佛台，从华首门和铜佛殿相会合的路。而猢狲梯在东南，从山脊上去；束身峡在西北，从山隙上去。这是登上最高顶的两处险境，而沿着山脊过来的却都遇不上。进了门就是迦叶殿，是土主庙的旧址。旧的迦叶殿在半山上。丁丑年，张巡按说最高顶上不可不敬奉迦叶，就捐款建了这个迦叶殿，把土主庙移建在殿左。前面的天长阁，是天启七年海盐人朱巡按修建的。后边有观风台，也是个阁，是天启初年广东人潘巡按修建的，现在改名叫多宝楼。再后边又有善雨亭，也是张巡按修建的，现在亭里有他的像,后来西川人倪巡按把它改名叫西脚蘧庐,语意很含有讥讽。殿亭四周,筑城环绕着,又在四面架楼阁为门:南门叫云观,指云南县从前有彩云的祥异;东门叫日观,是取泰山日观峰观赏日出的意思;北门叫雪观,指丽江府境内的雪山;西门叫海观,因为西边是苍山、洱海之所在。张君在万山绝顶兴建这大工程,而沐府也迎合他的意思,把中和山铜殿迁移到这里。大概是因为中和山在省城东边,而铜是西方的东西,能克木,所以要从中和山移到鸡足山。有人制造流言来阻挠,说鸡足山是丽府的脉系,而丽江公也姓木,怕金来克他,将出兵到鸡足山,现在已先杀掉了出头办这件事的和尚。这我在贵州就听说了,我认为这种说法很荒谬。丽江在北鸡足山在南,只听说鸡足山的脉从丽江来,没听说丽江是从鸡足山来,姓与地各不牵涉,哪有相克之理?!等来到这里,看见铜殿的材料堆放在迦叶殿中,只是没有找好地方把它竖立起来,还得等候沐府来看定地方,并非有什么阻挠。但城的里边,天长阁以后,是河南和尚主持,不久前新建的迦叶殿,又是陕西和尚主持,因为和张巡按是同乡的缘故,沐府也就把铜殿给他管。可惜两个和尚都缺乏学佛的气质,不免事事不合如同参商,实在不是山门之福。我一进山,就听说河南、陕西两个和尚的名字,等到达最高顶,天色将晚,看到陕西和尚之叔在迦叶殿,便把行李放置在殿里。他的侄子明空还在罗汉壁的西来寺。从殿旁进天长阁,因为陕西和尚用铜殿的材料堵断了迦叶殿后面的正门,不让人从殿中出入。河南和尚住在多宝楼下,留我吃晚饭,看他的意思很愤愤不平,我因而对他们两个都很看不起。回到土主庙里,冷得很,陕西和尚生火拿果子来吃，向我讲他的侄子明空先前募来铜殿的事情很详细，并说明空现在西来寺，可以去看看。我唯唯地应付着。

二十八日　早晨起来冷得很，急忙披上衣服从南楼观看日出，朝日已经皎然升起了。早饭后，便在天长阁和善雨亭之间抄录碑文，手指冻僵，有张宪副两块碑文字最长，来不及抄录。回迦叶殿吃饭。从北门出来，门外的冈脊上，有许多卖汤水煮米粉的。山脊西边尽是下覆的峭崖，难道就是先前所说的舍身崖吗？向北从山脊往上走了一里，转向西往下走，经过一个破阁，就南下到束身峡。这里两块巨石突起，中间凹下成坑，路从中间下去，两边山崖紧逼而下坠得很险峻，人在峡谷里弯弯曲曲地走着，身旁挤得没有一点宽裕，这就叫所谓"束身"。往下走半里，有一块小坪，伏虎庵就在这里。庵门向南，经过门前，有许多卖香草的，这香草就生在山脊上。沿舍身崖往东南转，是去往曹溪、华首的路。绕过庵往西转，在陡壁上盘旋，到了礼佛台、太子过玄关。我便先去礼佛台。有个亭子在台的东边，中间也已经塌坏，台立在前面石丛突起之处，悬在深壁之上。向北看危崖倒插在深壑里，就是最高顶北边尽头的地方。它的下面就是桃花箐，但因石崖突出低下头看不到。它东南的山壑中，则是放光寺的所在。它的西面隔着坞相对的，是香木坪。这台正在最高顶西北角的悬崖绝壁处，凌空倒影，好像浮舟架在山壑之上，是这鸡足山的名胜地，只是亭子已经倾斜，不能不让人慨叹。台的北面，崖壁倒悬，石级断绝，而西崖俯瞰山壑之处，像萼瓣上迸，像花蒂开放。遥遥相向而无路可通，就搭起栈木横在崖头，接在层峦之上,就可以踏着上面所说的花蒂一瓣一瓣地走,如同进了药房,中间空旷外边穿透,又合又分。穿过深窟,正在佛台之下,是外面的石崖靠到里面的石崖形成的,上边连接下边开裂,裂缝透过两头。侧着身子进去,擦着缝隙出来,又登上了南台。仍旧往东经过伏虎庵,沿着岩壁,盘上了鳌顶。抬头看矗立的山崖,好像很不稳要往下掉,谁想到刚才就振衣攀登在上面呢?往东南沿山崖走了一里多,有一房屋靠着山崖,叫曹溪寺。因为寺旁有一泓泉水,在矗立的山崖之下,泉水流下山壑,成为众水之源,有如宗门的法脉。稍微向下走,路分成两条:正路沿山崖向东南平着走去;小路从险坡向西下去。我看到放光寺在西南的山壑中,便猜想走小路才对,于是向西走。走了一里多,转而向北过了一个山嘴,已经绕到礼佛台下,它往西北是去桃花箐的路,往东南要过的壑底,找不到路下去,就从原路返回。走了二里,到了沿着山崖的正路,经过八功德水,这时崖路愈发逼仄,路的边缘紧嵌在陡壁上,仰看只觉得高大而看不到顶,俯看只觉得幽深而看不清根,如同悬挂一幅万仞苍崖图,而寄身其间,不知自己在什么地方。往东走了一里,崖好似向上飞起,拱得很高像屋檐,绕覆着下边,像门一般,它的里边挺立如掩闭的门扉,原来崖石排列得像牙齿一样,都是要落下又没都落下的,这就是所谓华首门。高有二十丈,上面隆起覆盖的,又不知有多高,想必就是最高顶观海门下边的危崖。华首门下,靠着崖壁有个亭子,两旁还建有小砖塔,即佛经中所说的迦叶接受法衣入定之处,要等待六十百千年后,将这法衣交给弥勒佛。天台王十岳(士性)宪副的诗偈镌刻在崖壁上,而倪巡按写了"石状奇绝"四个大字,横刻在崖壁上,还涂上红色。这是效颦呢?还是黥面呢?在束身峡写了"石状大奇",在袈裟石写了"石状又奇",在兜率峡口写了"石状始奇"。连这里一共四处,各换一个字。山灵有什么罪过该受这种耻辱呢?又走了半里,矗立往东的山崖已到尽头,石脊下垂,有一座佛寺在它东边,就是铜佛殿,现在门上的匾写做传灯寺。大概就是绝顶向东突出,从猢狲梯下坠成为这个地方,再下去就是迦叶寺,而成为西南支脉的发端处。寺门向东,大路从下面而来,到寺前分为两条:从它北边山峡登上寺后的猢狲梯,是上最高顶前门的路,我昨天从上面向下看到的那条路;从寺前沿崖往西转,经过华首门,上到束身峡,是上最高顶后门的路,我现在下来所走的这条路。寺的北边是山峡,寺的西边是山崖,寺的后边是猢狲梯,从最高顶垂山脊下去,便是山崖的东端,山峡向南环绕的地方。寺的北边有个石峰蹲踞在山峡中,有个庵在它上面,就是袈裟石。我起初不知道这就是袈裟石,看它觉得奇怪,就不进铜佛殿而登上这石,上来后庵里的和尚迎接我坐到这石上。这石纹理纷披呈现出两叠的痕迹,并且上面有圆孔,和尚指着石纹说那就是迦叶的袈裟,指着石上的圆孔说那就是迦叶立锡杖的遗迹。即使不是遗迹,这里回崖外绕,坠壑中盘,又有这石在崖上俯瞰山壑,本来就自成奇观。和尚给我吃泡米花,很能滋润枯肠。我当时准备下去到放光、圣峰等寺,却又不能忘情猢狲梯,于是沿袈裟石的右边上去,走了半里,登上一梯。梯是天然的石级,有重叠的蹬痕可以踏上脚趾,然而蹬痕之间的石锋如同牙齿一般,很难落脚。向山脊左面看去就是华首门矗立的山崖之上，向右面看去就是袈裟石下坠的山窒之端。那排列如牙齿的石级，在华首门的是倒垂向下，这石梯是错起向上，但质地则一样。向上走半里，转折几次石梯已没有了，仍要沿山峡上去，问距离山顶极远，就返回走下石梯，从铜佛殿北边向东下到峡谷里。走了一里，横绕在峡底，有个庵正当其中，就是所谓兜率庵，已倒塌了一半。它后面就是最高顶与罗汉壁分支的向前突起之处。庵前面的峡谷又深坠向下，沿着庵横过去，再沿着左边山崖向下走了半里，崖根有一个坑向内凹嵌，前边有巨树流荫和鹤峒居士的诗碑。它前面的峡谷又是幽深蟠曲，路从这里上去，又分成两条：从右边山峡里向西南下去的，是去迦叶寺、圣峰寺的西支大路；沿着左边山崖向下往东走的，是去西来寺、碧云寺、罗汉壁的小路。我这时随着西边山峡下去，但一步一回望，未尝不对罗汉壁神往啊！向下走了半里，是仰高亭，在悬峡之中，因为已倒塌没有进去。下来后，又走了半里，出了峡谷，是迦叶寺，寺门向东，中间也很高敞，这是旧迦叶殿，近来因为顶上又新建了迦叶殿，就称这里为迦叶寺。进寺拜谒迦叶尊者的塑像，从寺前向南沿着歧路下去。这条路峻而大，有两个乞丐用松枝搭成棚子。曲折地夹着道路有几十折，一里多来到会灯寺，寺门向南，进去拜谒后出来。往东走下半里，有条歧路向西去，是去放光寺的路。恐怕日头西斜赶路来不及，就不往西而往东。这往东的路平坦而宽大，走了一里，是圣峰寺。寺门向东，踞于分支之上，前有巨大的牌坊，后有高耸的楼阁，气势很雄壮开阔；阁里祭祀玉皇，现在都称它玉皇阁。从这里向北看，西来寺高缀在重崖之上，崖壁上横亘着像屏风的晚霞，飘渺天半,景致非常奇异。出了寺往东沿着山陇走,走了二里,过白云寺。再从它的右边往东走了一里半,过慧林庵,左右两条溪水在前边汇合而山陇也到了头。于是渡过左边的山峡,往东经过大觉寺的菜园。走了一里,从息阴寺后面越过中支的山脊,到千佛阁前看街子。所谓街子,是腊月底聚集到山里,作为朝山的节日。过去在石钟寺前,现在移到这里,因为它靠近大觉寺,处在众寺之中的缘故。从街子往东走了半里,过西竺寺,又走了二里多,进悉檀寺。吃完饭后,得知沈公(莘野的父亲)来拜会,还留在寺里等候,急忙下楼沈公也到了,相互表达了仰慕的意思。这时已是黄昏,寺中准备了池水等候洗澡,就和四位长老以及沈公入池洗涤。池用砖砌壁,长一丈五尺,宽八尺,水深四尺,隔壁锅里烧,烧一整天才烧热。洗的人先在池外用水洗涤身子,然后进池,坐在水里浸泡一会儿,再到池外,搓擦后洗涤,再浸泡再搓擦,浸泡时一动不动,怕污垢落在池中。我从三里盘洗过后,入滇以来只在温泉洗过,像这次的洗法,还很少遇到。

二十九日 在悉檀寺吃过饭,和沈公以及体极的侄子一同游览街子。我买了鞋,顾仆买了帽子,遇见大觉寺的遍周和尚也出来游览,要拉我和他一起行动。我推辞了说大年初一将前去拜年,因为他正年届七十。中午,沈公先告别离去,我吃了买的一盆面。走了一里多,从大乘庵上幻住寺,又走了一里,已进入幻住寺,看到匾额上写着福宁寺,问了路走出来,还不知这就是幻住。由寺的右边过了峡谷往西北走,走了一里进入兰陀寺。寺门向南。从正殿进入东楼,艮一和尚出来迎接。我询问起殿前倒卧的石碑,说:"这是先师撰写的迦叶事迹记。"当年竖立在华首门的亭子里,潘巡按建造最高顶的观风台时,主管的人把碑拖到顶上,想要摩刻新记,艮一和尚闻讯前往制止,才得以幸免,由于华首门道路险峻下不去,因而绕道放到这里。我想抄录,可碑是两面刻字,前半篇碑文翻扣在下面。艮一指着墙壁上的挂轴说:"这就是碑文,从碑上謄写出来的。"我就把轴挂低些,把桌子移近抄录。艮一供给斋饭,把沈公也请到。饭后,我估计碑文太长不能录完,叫顾仆下去取铺盖,让沈公先回去,我明天再去看他。等到天快黑了,仍没有录完,顾仆拿来了铺盖,便睡在兰陀的禅床上。顾仆传弘辨、安仁两位的话说:"明天是除夕,希望你的主人早早回寺,不要叫人挂念盼望。"我听了,心里难过了好一会。

三十日 早晨起来,正梳洗时莘野来了,相见很感到宽慰。一同在兰陀寺吃饭。我仍抄录碑文,录完莘野已经走了。就由兰陀寺顺着山脊北上,路比较平坦。走了一里,转而向东。又走了一里,经过莘野庐舍前面的小静室。再走了半里,进入莘野住的楼里,沈公在而莘野还没有回来。沈公为我备饭,莘野正好到了,便在楼上用饭。沈公、莘野父子俩亲自烧火做饭,煨芋煮菜,十分欢乐。莘野诚恳叫我派顾仆去兰陀寺取铺盖,说:"同是身处天涯,何必分什么常住静室?"我听从了,便留宿在楼的北室。这楼是面向东南,前面俯临重壑,左右环抱两峰,很宽展很相称。楼前用连皮的杪松做为栏杆,制作得朴实古雅,楼窗疏朗,棂框洁净,在这万峰深处过除夕,一夜胜过人间的千百夜。天黑起来,靠在窗前,看天上的星光闪烁下垂,坞底的火光远近纷乱,都是朝山的人群,整夜荧然不绝,和瑶池月下相比,又另成一种奇观。

游大理日记

大理,明代是云南的一个府,府治在太和县,即今云南省大理白族自治州的大理县。太和县的东边,有个大湖叫洱海,南北长,东西窄,形状很像耳朵。这里选译徐霞客从洱海北端龙首关、蛱蝶泉沿着海西走到中部三塔寺一天的游记。①

十一日　早炊,平明,夫至乃行。由沙坪而南一里余,西山之支,又横突而东,是为龙首关,盖点苍山北界之第一峰也。凤羽南行②,度花甸哨南岭而东北转者,为龙王庙后诸山,迤逦从邓川之卧牛溪始,而北尽于天马,南峙者为点苍,而东垂北顾,实始于此,所以谓之"龙首"(《一统志》列点苍十九峰次第,自南而北,则是反以龙尾为首也)。当山垂海错之处,巩城当道,为榆城北门锁钥③,俗谓之上关,以据洱海上流也。入城北门,半里,出南门,乃依点苍东麓南行,高眺西峰,多坠坑而下,盖后如列屏,前如连袂,所谓十九峰者,皆如五老比肩,而中坠为坑者也。南二里,过第二峡之南,有村当大道之右,曰波罗村。其西山麓有蛱蝶泉之异,余闻之已久,至是得土人西指,乃令仆担先趋三塔寺投何巢阿所栖僧舍④,而余独从村南西向望山麓而驰。半里,有流泉淙淙,溯之又西半里,抵山麓。有树大合抱,倚崖而耸立,下是泉,东向漱根窍而出,清冽可鉴⑤。稍东,其下又有一小树,仍有一小泉,亦漱根而出。二泉汇为方丈之沼⑥,即所溯之上流也。泉上大树,当四月初,即发花如蛱蝶,须翅栩然⑦,与生蝶无异;又有真蝶千万,连须钩足,自树巅倒悬而下,及于泉面,缤纷络绎,五色焕然。游人俱从此月群而观之,过五月乃已。余在粤西三里城,陆参戎即为余言其异⑧,至此又以时早未花,询土人,或言蛱蝶即其花所变,或言以花形相似,故引类而来,未知孰是。然龙首南北相距,不出数里,有此二奇葩⑨,一恨于已落,一恨于未蕊,皆不过一月,而各不相遇,乃折其枝、图其叶而后行。已望见山北第二峡,其口对逼如门,相去不远,乃北上蹑之。始无路,二里,近峡南,乃得东来之道,缘之西向上跻,其坡甚峻。路有樵者,问何往,余以寻山对。一人曰:"此路从峡南直上,乃樵道,无他奇。南峡中有古佛洞甚异,但悬崖绝隔,恐不能行,无引者亦不能识。"又一老人欣然曰:"君既万里而来,不为险阻,余何难前导。"余乃解长衣,并所折蛱蝶枝负之行。共西上者三里,乃折而南,又平上者三里,复西向悬跻。又二里,竟凌南峡之上,乃第三峡也。于是缘峡上西行,上下皆危崖绝壁,积雪皑皑当石崖间,旭日映之,光艳夺目。下瞰南峰,与崖又骈峙成峡,其内坠壑深杳,其外东临大道,有居庐当其平豁之口,甚盛。以此崖南下俱削石,故必由北坡上,而南转西入也。又西上二里,崖石愈巉巢⑩,对崖亦穹环骈绕,盖前犹下崖相对,而至此则上峰俱回合矣。又上一里,盘崖渐北,一石横庋足下⑪,而上崖飞骞刺空,下崖倒影无底。导者言:"上崖腋间,有洞曰大水;下崖腋间,有洞曰古佛。"而四睇皆无路。导者曰："此庋石昔从上崖坠下，横压下洞之上，路为之塞。"遂由庋石之西，攀枝直坠，其下果有门南向，而上不能见也。门若裂罅，高而不阔，中分三层。下层坠若眢井⑫，俯窥杳黑而不见其底。昔曾置级以下，爇灯而入甚深⑬，今级废灯无，不能下矣。中层分瓣排檐，内深三丈，石润而洁，洞狭而朗，如披帷践榭坐其内，随峡引眺，正遥对海光；而洞门之上，有中垂之石，俨如龙首倒悬，宝络中挂⑭。上层在中洞右崖之后，盘空上透，望颇窈窱⑮，而中洞两崖中削，内无从上，其前门夹处两崖中凑，左崖前削，石痕如猴，少刓其端⑯，首大如卵，可践猴首，飞度右崖以入上洞。但右崖欹侧，与左崖虽中悬二尺余，手无他援，而猴首之足，亦仅点半趾，跃陟甚难，昔亦有横板之度，而今无从觅。余宛转久之，不得度而下。导者言："数年前，有一僧栖此崖间，多置佛，故以古佛名。自僧去佛移，其叠级架梯，亦久废无存，今遂不觉闭塞。"余谓不闭塞不奇也。乃复上庋石，从其门扪崖直上。崖亦迸隙成门，门亦南向，高而不阔，与下洞同，但无其层叠之异。峡左石片下垂，击之作钟鼓声。北向入三丈，峡穷而蹑之上，有洼当后壁之半⑰，外耸石片，中刓如齑臼，以手摸之，内圆而底平，乃天成贮泉之器也。其上有白痕自洞顶下垂其中，如玉龙倒影，乃滴水之痕。臼侧有白磁一，乃昔人置以饮水者。观玩既久，乃复下庋石。导者乃取樵后峡去，余乃仍循崖东下。三里，当南崖之口，路将转北，见其侧亦有小岐，东向草石间，可免北行之迂，乃随之下，其下甚峻，路屡断屡续。东下三里，乃折而南，又平下三里，乃及麓，渡东出之涧，涧南有巨石高穹，牧者多踞其上，见余自北崖下，争觇眺之⑬，不知为何许人也。 又南一里半，及周城村后，乃东出半里，入夹路之衢，则龙首关来大道也。 时腹已馁，问去榆城道尚六十里，亟竭蹶而趋。 遥望洱海东湾，苍山西列，十九峰虽比肩连袂，而大势又中分两重：北重自龙首而南至洪圭，其支东拖而出，又从洪圭后再起为南重，自无为而南至龙尾关，其支乃尽。 洪圭之后，即有峡西北通花甸。 洪圭之前，其支东出者为某村。 又东错而直瞰洱海中，为鹅鼻嘴，即罗刹石也。 不特山从此叠两重，而海亦界为两重焉。 十三里，过某村之西，西瞻有路登山，为花甸道，东瞻某村，居庐甚富。 又南逾东拖之冈，四里过二铺，又十五里而过头铺，又十三里而至三塔寺。 入大空山房，则何巢阿同其幼子相望于门。 僧觉宗出酒沃饥而后饭。 夜同巢阿出寺。 徘徊塔下，踞桥而坐。 松阴塔影，隐现于雪痕月色之间，令人神思悄然。

【注释】

① 蛱（jiá）蝶泉：蛱蝶就是蝴蝶，这个泉现在还称为蝴蝶泉。② 凤羽：小地名，在邓川州城之西，原先曾设凤羽县，当时已废去。③ 榆城：大理府城。④ 何巢阿：名鸣凤，巢阿是他的字，曾在浙江做过官，是徐霞客在云南结识的朋友。⑤ 冽（liè）：寒冷。⑥ 沼（zhǎo）：池。⑦ 栩（xǔ）然：生动。⑧ 参戎：参将，明代次于总兵官和副总兵的武官，"参戎"是雅称。⑨ 葩（pā）：就是花，现在常用做花的雅称。有此二奇葩：另一株奇花是在龙首岩北面的三家村

后,开黄白色像莲花大的花,据说有十二个花瓣,闰年会增多一瓣,徐霞客到时这奇花已谢掉,没有看到。⑩ 巀嶪(jié yè):山高峻貌。⑪ 庋(guǐ):置放。⑫ 眢(yuān)井:枯井。⑬ 構(gòu):举火。⑭ 宝络:璎珞,用丝缕珠宝结成的长条状装饰品。⑮ 窅窱(yǎo tiǎo):同窈窕,深远貌。⑯ 刓(wán):削,剜刻。⑰ 洼(wā):小水坑。⑱ 觇(chān):看。

【翻译】

十一日 早早做饭吃罢,天色大亮,挑夫来了就走。由沙坪往南走了一里多,西山的支脉又横突往东,就是龙首关,是点苍山北界的第一峰。从凤羽往南,过花甸哨南岭往东北转的,是龙王庙后的许多山,蜿蜒曲折从邓川的卧牛溪开始,到北边的天马为止,南面耸立的是点苍山,点苍山东垂北顾,从这里开始,所以这里叫做"龙首"(《一统志》排列点苍山十九峰的次序,是从南到北,是反把龙尾当成了龙首)。在山海交错之处,有座坚城当路,是榆城北边的要塞,俗称上关,因为它在洱海上流的缘故。从北门进上关城,走了半里路,出了南门,顺着点苍山东边山脚往南走,远望西峰,峰底都直坠成山坑,后面像屏风排列,前面像衣袂相连,所谓点苍山十九峰,都像庐山五老峰那样并肩而立,而中间坠成山坑。往南走了二里,过第二峡的南边,有个村子在大路右边,叫波萝村。村西山脚下有个奇异的蛱蝶泉,我久闻其名,到这时有当地人指点近在西边,就叫仆人、挑夫先去三塔寺何巢阿所住的僧舍,我独自从村南往西向山脚前进。走了半里,见到淙淙的泉水,又往西逆流走了半里,到达山脚下,有棵树粗大得够两个人合抱,紧靠山崖耸立着,树下有泉水往东从树根的空隙流出。清凉凛冽可以照见人影。稍稍往东,下边又有棵小树,也有泉水从树根的空隙流出。两道泉水汇成一丈见方的池子,就是刚才逆流前进的这条泉水的上流。泉上的大树,每到四月初,就开出像蛱蝶一样的花朵,触须翅膀栩栩如生,和活的蛱蝶没有两样;又有真蛱蝶成千上万,须连着须,足钩着足,从树顶倒挂下来,直到水面,缤纷络绎,色彩鲜艳,游人都在这个月成群结队地前来观看,过了五月就没有了。我在粤西三里城时,陆参戎就给我讲了这个奇景,可到这里却因时候过早还没有开花,问当地人,有人说蛱蝶就是树上的花变的,有人说因为花的形状像蛱蝶,所以把真蛱蝶引来了,不知哪个对。但龙首关南北相距不过几里路,就有两株奇花,可惜前一株花谢掉,这一株花又未开,都差了不过一个月,而都没有能看到,于是折下这树的枝条、画下树叶的样子然后前进。这里已能看到山北的第二道峡,山口对逼像门一样,因为距离不远,就往北追上去看一看。开始没有路,走了二里,接近山峡的南面,才找到从东边通过来的路,顺着这条路向西走上去,坡很陡。路上有打柴的,问我哪里去,我说是访山的。其中有个人说:"这条路从山峡南边直上,是砍柴的路,没有什么可看。南峡中有个古佛洞很奇异,但路被悬崖隔断,怕不能走,没有人引路也不好找。"又一个老人高兴地说:"您既从万里之外前来,不为艰险所阻,我何难给您做向导。"我就脱下长衣,和所折的蛱蝶树枝一起背了走。总共往西走了三里,折转往南,又平着走了三里,就转向西边向悬崖攀登。又上了二里，就来到南峡上边，就是第三峡。于是沿着峡往西上去，上下都是悬崖绝壁，在石崖间是皑皑的积雪，经旭日映照，光彩夺目。往下看南峰，与山崖又并列形成峡谷，它里面是不见底的深壑，外边往东是大路，有房屋在平豁的峡口处，居民很多。因为这个山崖往南下去都是峭削的岩石，所以必须从北坡上去，再往南转到西边进去。又往西走上了二里，崖石更为高峻，对面的山崖也是重重环绕，在这前边还只是山崖的下边相对峙，到了这里上面的山峰也都回合起来。再走上一里，环绕的山崖渐渐往北移开，一块大石横置在脚下，而上崖高耸直刺天空，下崖倒影深不见底。向导说："上崖中腰，有个洞叫大水洞；下崖中腰，有个洞叫古佛洞。"但往四面看去都没有路。向导说："这块横置的大石以前从上崖坠下来，横压在下洞上面，堵塞了路。"就从这大石的西边，攀着树枝坠下去，下面果然有一个向南的门，而在上面看不到。门好像裂开的石缝，高而不宽，中间分成三层。下层下坠好似枯井，向下看深黑不见底，过去曾经设置阶梯可下去，点着灯可进得很深，如今阶梯废坏灯也没有，不能下去了。中层分瓣排格，里面有三丈深，石质湿润光洁，洞狭窄但很明亮，好像披着帷踏着榭坐在里边，顺着峡向外远望，正远远地对着洱海的波光；而洞门之上，有个垂在中间的石块，真像倒悬的龙头，中挂宝络。上层在中洞右边的山崖后面，洞里盘旋而上方通透，看去颇为深远。但中洞里两崖中分，从里面无从上洞，只有它前面夹成洞门的地方两崖靠近，左崖前削，有个石痕像猴一样，在它的顶端稍稍剜刻，就成为卵一般大的猴头，可以踏着这猴头，飞度到右崖进入上洞。但右崖倾斜，和左崖中间虽只隔了二尺多，却没有东西可用手拉住，脚踏在猴头上，也只能踏半个脚趾，想跳上去很困难，过去也设置了横板让人过去，但现在已找不到。我转来转去好一会儿，无法过去只好下来。向导说："几年前，有个和尚住在这山崖里，置了好多佛像，所以叫古佛洞。自从和尚离去，佛像搬走，架的梯级也就随之毁废没有能保存，现在就不知不觉地闭塞了。"我说不闭塞就不算奇。于是又登上了那块横置的大石，从洞门摸着崖壁上去。这崖也开裂成门，门也向南，高而不阔，和下洞相同，但没有下洞层叠之奇。峡的左边有下垂的石片，一敲就发出像钟鼓一般的声音。向北进去三丈，峡到了尽头，就踏着峡往上走，看到有个小坑在后壁的半中间，外面耸着石片，中间剜下去好像斋臼，用手摸它，里面圆底下平，是天生盛贮泉水的好器具。上边有条白印从洞顶下垂到这白里，就像玉龙的倒影，是水滴成的痕迹。白旁还有个白瓷器，是前人放在这里喝水用的。观看玩赏了好久，又走下这横置的大石。向导拿了打的柴去后峡，我仍沿着崖往东走下来。走了三里，来到南崖的崖口，路将往北转，看到旁边也有一条小岔路，向东往草石中穿过去，可以免得往北面迂回，就顺着这条路下去，下去时很险峻，路屡断屡续。向东走下三里，就折而向南，又平着走下三里，来到山脚下，渡过从东面流出的涧水。涧水南边有块巨石高高隆起，放牧的人多踞坐在上面，见我从北崖下来，争着看，不知我是什么人。往南走了一里半，到周城村的后边，往东走出半里，进入夹路的通道，就是从龙首关过来的大路。这时腹中已饥饿，打听去榆城的路还有六十里，急忙跌跌撞撞地赶路。远望洱海东湾,苍山西列,十九峰虽然并肩连袂,而大势又从中分成两重:北重自龙首关向南到洪圭,它的支脉向东边拖出,又从洪圭以后再突起为南重,自无为向南到龙尾关,支脉就到头了。洪圭的后面,有道山峡从西北通向花甸。洪圭的前面,支脉向东面拖出是某村。又往东错出直到洱海,是鹅鼻嘴,也就是罗刹石。不但山从这里叠成两重,而且海也界成两重。走了十三里,过某村之西,往西看有条路可以登山,是去花甸的路,向东面看某村,房屋很多。又往南越过东面绵延的山冈,走了四里过二铺,又走了十五里过头铺,再走了十三里来到三塔寺。进了大空和尚的山房,何巢阿和他的小儿子正在门口等候。觉宗和尚拿出酒来压饥然后吃饭。晚上同何巢阿走出寺门,在塔下徘徊,在桥上踞坐。松阴塔影,隐现在雪痕和月色之间,叫人神思悄然。

编 后 记

2011年我社出版了"古代文史名著选译丛书（134种）"，该丛书是由全国高校古籍整理委员会主持，汇集北京大学、复旦大学等十八所高校古籍所专家学者力量完成的一部高水平、高质量的传统文化普及读物。出版后也得到了读者认可，获得业内好评。

该丛书于2016年入选国家新闻出版广电总局评选的"首届向全国推荐中华优秀传统文化普及图书"名单。为了更好地传播优秀传统文化，我们从中精选了30种文史经典，重新修订、设计，作为珍藏版呈现给读者。

中华优秀传统文化不仅是中华民族的宝贵财富，也是中华民族的精神家园。凤凰出版社谨向为本丛书的编辑出版付出巨大心血的专家学者致以崇高敬意！

丛书顾问：周林　邓广铭　白寿彝

丛书主编：章培恒　安平秋　马樟根

编委（均按姓氏笔画排列）：马樟根　平慧善　安平秋　刘烈茂　许嘉璐　李国祥　金开诚　周勋初　宗福邦　段文桂　董治安　倪其心　黄永年　章培恒　曾枣庄（以上为常务编委）

王达津　吕绍纲　刘仁清　刘乾先　李运益　杨金鼎　曹亦冰　常绍温　裴汝诚（以上为编委）

古代文史名著选译丛书（珍藏版）书目

书名	译注者	审阅者
论语注译	孙钦善	宗福邦
老子注译	张玉春　金国泰	安平秋
庄子选译	马美信	章培恒
孟子选译	刘聿鑫　刘晓东	黄　葵
荀子选译	雪　克　王云路	董治安　许嘉璐
诗经选译	程俊英　蒋见元	刘仁清
楚辞选译	徐建华　金舒年	金开诚
左传选译	陈世铙	董治安
史记选译	李国祥　李长弓　张三夕	安平秋
汉书选译	张世俊　任巧珍	李国祥
后汉书选译	李国祥　杨昶　彭益林	许嘉璐
三国志选译	刘　琳	黄　葵
资治通鉴选译	李　庆	黄永年
文心雕龙选译	周振甫	黄永年
世说新语选译	柳士镇　钱南秀	周勋初
颜氏家训选译	黄永年	许嘉璐
陶渊明诗文选译	谢先俊　王勋敏	平慧善
李白诗选译	詹　锳等	章培恒
杜甫诗选译	倪其心　吴　鸥	黄永年
李商隐诗选译	陈永正	倪其心
王维诗选译	邓安生　刘　畅　杨永明	倪其心
苏轼诗文词选译	曾枣庄　曾弢	章培恒
李清照诗文词选译	平慧善	马樟根
辛弃疾词选译	杨　忠	刘烈茂
王阳明诗文选译	吴　格	章培恒
唐才子传选译	张　萍　陆三强	黄永年
徐霞客游记选译	周晓薇　马雪芹　焦　杰	黄永年　马樟根
阅微草堂笔记选译	黄国声	安平秋
西厢记选译	王立言	董治安
聊斋志异选译	刘烈茂　欧阳世昌	章培恒